KB163650

살사

차례
Contents

살사는 밀크 커피다

옛말에 '시작이 반'이라는 말이 있는데, 뭐든지 시작하기가 가장 어려운 것 같다. 자신이 가장 좋아하고, 애착을 갖고 있으며, 또 잘 아는 분야라고 해도, 그것에 대해 막상 이야기를 시작하려고 하면 그 분야의 지식과 안목이 무색할 정도로 어려움을 느낀다. 나에게는 아마도 살사(Salsa)에 관한 이야기가 그런 것 같다. 그래서 여러 가지를 고려하여 라틴 문화 전반에 관한 언급은 되도록 자제하면서 살사에 관한 핵심적인 내용만을 다루려고 한다. 내용이 너무 가볍지 않느냐고 생각할 수도 있지만, 이 책은 오늘날 가장 주목받고 있는 클럽 댄스이자 클럽 댄스 음악인 살사에 관한 내용을 다룬 것이다. 그러니 당연히 가벼울 수밖에 없다.

살사는 밀크 커피다(La Salsa es el café con leche)

'카페 꼰 레체'라는 말은 '밀크 커피' 혹은 '카페 라떼'라는 뜻이다. 밀크 커피는 커피와 설탕, 우유의 조화가 아주 중요하다. 진하고 자극적일 수 있는 커피의 맛을 부드럽게 변화시키는 것은 우유의 역할이며, 우유와 커피의 맛을 혀끝에서 감미롭게 마무리하는 것은 설탕의 역할이다. 이 세 가지를 어떻게 섞느냐 하는 것이 밀크 커피의 맛을 결정한다. 한 잔의 밀크 커피에서 이 세 가지 맛은 저마다 자신의 성질을 잃지 않으면서도 전혀 새로운 맛으로 조화를 이룬다. 나는 개인적으로 이것을 종종 라틴 문화에 대한 비유로 사용하곤 한다. 우유는 스페인으로 대표되는 백인 문화를 상징하고, 커피는 흑인 문화를, 그리고 설탕은 원주민 문화를 상징하는 것으로 볼 수 있기 때문이다. 살사 또한 이렇게 다양한 요소들을 하나로 섞으면서 시작된 라틴 문화의 산물 중 하나라고 할 수 있다.

게다가 위에서 말했듯이 살사는 클럽 댄스이자 클럽 댄스 음악의 이름이다. 클럽 댄스라는 것을 주류 문화로 보기는 어렵다. 좀 더 솔직하게 말하자면 살사를 비롯한 클럽 댄스들은 변두리의 문화이다. 즉 사회적, 인종적, 문화적으로 변두리 사람들이 향유하고 즐기던 문화가 현재까지 이어져 내려오는 것이다. 하지만 문화라는 것은 대지의 기운과도 같아서 어떤 과실에도 차별 없이 그 지역의 맛과 향을 공급해준다. 살사에는 이처럼 라틴 문화의 요소가 녹아있으며, 여기서 라틴 문화 중

가장 대중적인 단면을 볼 수도 있다. 더욱이 살사는 현재 가장 현대화되어 있으며, 다양한 형태로 변화 발전하고 있는 현재 진행형의 문화이다. 따라서 라틴 문화의 미래를 전망할 수 있는 하나의 중요한 척도 또한 될 수 있다.

자, 이제 살사를 이야기하기에 앞서 약간의 배경 지식에 대해 살펴보자. 앞에서도 언급했던 것처럼 살사는 문화적인 산물이므로 일단 문화적인 관점에서 살펴보아야 하지만, 역사적인 관점과 음악적인 관점, 클럽 댄스로서의 관점을 무시할 수 없으므로 종합적인 관점에서 살펴보아야 한다. 우선 역사적인 관점에서 살펴보기 위해서는 몇 가지 준비 운동이 필요하다.

'1492년 콜럼버스가 발견한 신대륙'이란 말을 떠올려 보자. 아메리카 대륙은 콜럼버스가 발견하기 전에도 이미 존재하고 있던 땅이었기 때문에 사실 여기에 '신대륙'이나 '발견'이란 단어의 사용은 그리 적절하지 않다. 아무튼 당시 콜럼버스가 발견한 것으로 알려진 중남미 지역은 옥수수와 감자, 고추, 토마토, 코코아(초콜릿), 껌, 담배 등의 원산지이다. 그런데 이 '원산지'라는 단어가 가진 뜻을 곰곰이 생각해 보면, 정확히 1492년 이후 그러니까 중남미가 세계 역사에 등장한 후에야 비로소 이런 작물이 세계 여러 나라로 전해졌음을 알 수 있다.

지금은 고추가 없는 우리 음식을 상상도 할 수 없을 정도로 고추는 우리 먹거리의 기본적인 재료가 되었지만, 사실 고추는 멕시코에서 스페인 혹은 기타 유럽과 일본을 거쳐 우리 땅에 도착한 수입품이었다. 같은 맥락에서 본다면 감자, 옥수수, 그리고 담배 역시 이 즈음을 전후하여 우리 땅에 전래된 것들이다. 그러므로 호랑이가 담배피던 시절은 아마 이 즈음이 될 것이다. 그 전에는 우리 땅에 담배가 없었을 것이니까 말이다. 물론 라틴아메리카의 산물이 세계로 퍼져 나간 것과 마찬가지로 구세계의 많은 산물들도 라틴아메리카로 유입되기 시작했다.

당시 세계는 대서양을 오가며 점점 새로워지고 있었고, 그 거점으로는 쿠바의 아바나(Havana)와 멕시코의 베라크루스(Veracruz) 그리고 베네수엘라의 카라카스(Caracas) 등을 대표적으로 꼽을 수 있다. 여기에서 중요한 것은 어느 곳이 중요 거점이었는가가 아니라, 당시 유럽과 가톨릭을 대표하던 스페인이 식민지 정책의 일환으로 라틴아메리카에 새로운 도시를 건설했다는 점이다. 이들은 원주민의 문화와 유적들 위에 유럽의 도시와 비슷하면서도 전혀 다른 새로운 도시를 건설했다. 물론 그 도시의 중심에는 유럽의 도시들과 마찬가지로 거대한 바로크 양식의 성당들이 들어섰고, 다른 지역을 정복하기 위한 군대도 성당과 함께 했다. '성경과 칼'이란 단어가 이 시기의 상황을 상징적으로 보여주고 있다.

당시 가톨릭은 유럽 문화의 가장 핵심적인 요소로서, 단지 종교적인 측면에서뿐만 아니라, 생활 양식에서부터 건축, 미술, 음악 등 문화의 거의 전 분야에 지대한 영향을 미치고 있었다. 당시 식민지에 거대한 성당이 건설되었다는 것은 단순하게 예배를 드릴 수 있는 공간이 마련되었다는 것이 아니라, 당시 유럽 문화의 많은 요소들이 유입되었음을 의미한다. 마찬가지로 군대 또한 그저 전쟁을 위한 군인들의 집합이라는 의미보다, 전술이나 무기, 갑옷 양식에서부터 군대의 개선 음악, 군악대 등 많은 문화적인 요소의 유입을 의미한다. 이런 상황 속에서, 원주민의 문화적 토대 위에 새로 유입된 다양한 유럽의 문화들이 하나로 어우러지면서 유럽과 비슷하면서도 구별이 되는 라틴아메리카만의 독특한 문화가 형성되기 시작했다. 이 독특함은 지역적인 다양성과 연결되어 라틴아메리카 내에서도 다양한 양상으로 발전했고, 라틴아메리카의 문화를 하나로 정의하기 어렵게 만들 정도로 발전하였다. 음악 또한 예외는 아니었다. 살사가 안정적인 발전을 할 수 있었던 이유에 이런 문화적인 배경이 한몫 했던 것은 확실하다. 살사가 무엇인지에 대한 이야기는 좀 더 역사적인 배경을 살펴본 후에 언급하기로 하겠다.

아메리카 대륙은 미국을 중심으로 캐나다를 포함하는 앵글로아메리카와 그 외의 지역을 나타내는 라틴아메리카로 구분한다. 이렇게 구분하는 근거로 언어 혹은 인종을 생각할 수도 있지만 사실 종교적인 차이도 간과할 수 없다. 미국으로 이주한 유럽인들 가운데 대부분이 기독교도였으며, 기독교로 인하여 미국이 좀 더 집약적인 힘을 발휘할 수 있었던 것은 많은 이들이 잘 알고 있는 사실이다.[1] 물론 미국으로 이주한 이들 가운데 기독교도가 아닌 이들도 있었을 것이다. 하지만 유럽의 가톨릭 세력에 밀려서 고향을 떠나야 했던 대다수의 미국인들에게 저 남쪽에 거대하게 위치하고 있는 가톨릭 세력이 어떻게 보였을까?

내가 정말 하려고 하는 이야기는 지금부터이다. 동부 및 북부 유럽과 아프리카, 아랍 등 다양한 지역에서 이미 전도 활동을 펴왔던 가톨릭은 토착 종교에 대해 어느 정도 관대했다. 이런 관대함 덕에 가톨릭과 토착 종교가 하나로 결합된 새로운 종교 양식이 만들어질 수 있었다. 앞에서 종교는 그저 종교적인 측면뿐만 아니라 여러 다양한 문화적 요소를 가지고 있다는 것을 이야기했다.

다시 말해 종교적 관대함은 단순한 종교적 차원을 넘어서 여러 상이한 문화적 요소들이 하나로 결합할 수 있는 여건을 제공했던 것이다. 게다가 라틴아메리카에 본격적으로 플랜테이션 농업이 시작되면서 모자란 노동력을 보충하기 위해, 유입되기 시작한 아프리카 출신의 노예들의 종교와 문화 또한 가톨릭의 관대함 앞에서 어느 정도 본래 자신의 색을 잃지 않으면서 라틴아메리카라는 커다란 범주 안에 자리 잡게 되었다.

근대 쿠바 음악의 기수인 '이라께레(Irakere)'의 리더였고, 현존하는 쿠바 최고의 피아니스트 중 한 명인 추초 발데스(Chucho Valdés)의 말에 의하면, 쿠바로 처음 이주한 흑인들은 같은 지역 출신이 아니라 여러 지역 출신들이었고, 이들은 자신들의 종교 행사에서 자신들의 악기로 자신들의 리듬과 멜로디를 그 자신들의 언어로 노래했다고 한다. 그러다 그들은 점차 하나로 뭉쳐지면서 상호 혼합된 다른 차원의 음악을 만들어내었다고 한다.

많은 이들이 라틴아메리카에 대해 언급할 때, 스페인에 대해서는 언급을 많이 하지 않는다. 그런데 주목해야 할 것은 라틴아메리카로 이주하거나 일시적이라 하더라도 라틴아메리카에 머물렀던 스페인 사람 중 78% 이상이 스페인 남부 세비야 지역 사람들이라는 점이다[2].

스페인 남부 세비야는 널리 알려진 것과 마찬가지로 플라멩코의 고향이다. 플라멩코는 집시들의 음악과 춤으로 알려져 있지만 집시 문화에 초점을 맞추어 좀 더 심층적으로 살펴보면 인도 북동부를 시작으로 지중해를 끼고 유럽의 마지막 부분인 스페인 남부까지 이동하여 음악과 춤의 복합적인 형태로 발전해 성립된 것으로 볼 수 있다[3]. 물론 이동하는 중간에 동부 유럽의 일부 지역에 정착하여 플라멩코와는 전혀 다른 음악을 만들기도 했다.

참고로 스페인은 가톨릭적인 요소만이 아니라 아랍의 요소는 물론 유대의 요소와 더불어 아프리카적인 요소 또한 포함하고 있고, 플라멩코는 이것을 단적으로 보여주는 예이다. 플라멩코는 원래 중·하층민들의 대표적인 생활양식이자 유희의 일부분으로 여럿이 둘러앉아 돌아가면서 노래도 부르고 춤도 추고 술도 마시고 기타도 치고 박수도 치면서 그렇게 향유되는 것을 일컫는 말이었다. 도시의 중심보다는 도시 외곽 지역이 어울리고 어쩌면 저 들녘의 밤하늘이 가장 잘 어울린다고 할 수 있는 문화이다. 이런 문화를 즐기던 이들이 배를 타고 대서양을 건너서 쿠바를 비롯한 카리브해의 도서 지역에 도착한 것이다.

언제나 그렇지만 새로운 세계로 떠나는 사람들은 자신이 원래 살던 곳에 제대로 정착하지 못한 사람들이 대부분이다. 스페인에서 라틴아메리카로 떠난 사람들 중에서는 가문 좋은 귀족들도 포함되어 있었지만, 대부분 새로운 삶과 꿈을 찾아 길을 떠난 중·하류층의 사람들이었다. 이것은 미국의 경우도 마찬가지이고 이것은 아마도 제국주의 시절 식민지를 가지고 있었던 국가에서 공통적으로 나타난 현상일 것이다. 한마디로 '엘도라도를 찾아서'라고 할 수 있다. 이들 곁에는 기타와 몇 가지 간단한 타악기 그리고 뱃사람의 영원한 동반자 럼주가 있을 법하다. 그리고 이들이 도착한 곳에서는 이미 흑인과 원주민들이 자신들의 멜로디와 리듬을 즐기고 있었을 것이다.

당시의 뱃사람들은 모험가이거나 탐험가였고, 칼을 좀 다룰 줄 아는 칼잡이기도 했으며, 얼추 건달이지만 대개 술과 음악, 춤을 즐기는 사람들로 여러 지역을 여행하면서 자연스럽게 생긴 개방적인 성격도 가지고 있었을 것이다. 여기에 플라멩코의 개방성이 더해지고, 사회 하층민들 사이에서 피어날 수 있는 동질감, 오랜만에 육지에 닿았다는 기쁨과 환희 등이 이질적으로 보일 수 있는 상이한 문화들을 하나로 합칠 수 있는 분위기를 만들었고, 바로 거기에서 라틴 문화가 시작되었다. 그들이 벌이는 춤과 음악의 향연에서 살사의 씨앗이 맺히기 시작한 것이다.

재미있는 것은 플라멩코 또한 신대륙과 쿠바의 가무에 영향을 받았다는 것이다. 그래서 스페인에는 우리가 알고 있는 룸바와 구분되는 스페인 스타일의 룸바가 존재하는데 이것은 스페인과 라틴아메리카의 문화적인 교류가 일방적이지 않았고, 쌍방적이었음을 보여주는 단적인 증거가 되기도 한다.

쿠바가 혁명 이전까지 라틴 음악의 중심지일 수 있었던 이유는 유럽과 라틴아메리카가 만나는 관문이었기 때문이며 유명한 무역항에서 볼 수 있는 향락적인 분위기가 흘러넘쳤기 때문이다. 1898년 '미국-스페인전쟁' 이후에 오히려 이런 향락적인 요소는 더 강해져서 혁명 이전까지 계속되면서, 살사가 음악적으로 형성되는 데에 지대한 영향을 미쳤다. 자, 이제부터 음악에 대한 이야기와 춤에 대한 이야기를 해보자.

다양한 라틴 음악의 특징을 굳이 말한다면 '싱커페이션(syncopation)'이라고 할 수 있다. 이를 우리말로 하면 엇박이나 당김음 정도가 될 수 있다. 리듬의 측면에서는 이런 공통점을 쉽게 찾을 수 있지만, 멜로디의 측면에서는 각 민족, 인종, 종족, 지역별로 구별되는 요소들이 많아서 하나로 묶을 수 있는 끈을 찾는 것이 쉬운 일이 아니다. 그러므로 멜로디보다는 리듬에서 그 특징을 찾아야 한다. 앞에서 언급한 것과 마찬가지로 살사는 클럽 댄스의 이름이면서 동시에 클럽 댄스 음악의 이름이기 때문에, 라틴 음악이 가지고 있는 공통적인 요소들을 가지고 있으면서도 춤을 출 수 있어야 한다는 필요충분조

건을 갖추어야 한다. 그러므로 우리나라의 가요에서 춤을 출 수 있는 음악 혹은 춤을 추게 하려는 목적을 가진 음악들을 댄스 뮤직이라 부르는 것과 마찬가지로 라틴 음악에서 춤을 출 수 있는 음악들을 넓게 보아서 살사의 범주에 넣을 수 있을 것이다.

하지만 이 부분에 대해선 논란의 여지가 있는 것이 사실인데, 그것은 살사가 춤이든 음악이든 어떤 관점을 가지고도 확실한 답을 구하기 어렵기 때문이다. 살사는 현재 진행중이다. 그 방향이 어느 곳을 향할지 그리고 어떤 요소를 받아들여 결과적으로 어떤 모양으로 멈출 것인지를 지켜보는 것이 오히려 재미있을 것이다. 관점을 약간 달리해 보면 우리 모두가 증인이라는 생각도 할 수 있다. 우리 모두는 살사가 어떤 모양새로 정의될 것인지 바라보는 증인들이 될 수도 있다.

라틴 음악의 아버지 베니 모레

우리나라에서 3·1 운동이 일어난 해인 1919년 태어난 베니 모레(Benny Moré)는 쿠바 대중음악계에 죽지 않는 전설이다. 그의 위상은 미국 팝음악의 프랭크 시나트라 혹은 내킹 콜에 견줄 만하다. 그러나 쿠바를 여행한 사람들이나 쿠바 음악에 관심 있는 사람들이라면 쉽게 알 수 있지만, 내킹 콜이나 프랭크 시나트라가 그저 대중적인 스타 정도에 머물러 있다면, 베니 모레는 많은 쿠바인들과 쿠바 음악을 사랑하는 사람들에게 전설적인 인물이다. 죽은 지 40여년이 흘렀으나, 현재까지도 베니 모레의 위상을 위협하는 가수는 없으며, 아마 이후로 한동안 베니 모레의 아성이 무너지는 일은 없을 듯 하다. 개인적인 생각이지만, 전 세계적으로 봐도 이렇게 지속적인 숭배를 받는 가수는 정말 몇 안 될 것이다.

베니 모레가 이런 숭배와 명성을 얻게 된 데에는 그만한 이유가 있다. 그것은 바로 그가 쿠바의 근대적인 음악이 시작한 최초의 뮤지션이기 때문이다. 베니 모레는 다양하게 존재했던 쿠바 음악, 크게 두 가지로 구분하면 아프리카적인 요소를 많이 가진 음악과 스페인적인 요소를 가진 음악, 특히 플라멩코의 영향을 많이 받은 쿠바의 지방 음악인 과히로(guajiro)를 하나로 통합하여 말 그대로 쿠바 전체를 대변하는 근대적인 쿠바 음악을 탄생시켰다. 그러므로 처음 소개하는 라틴 뮤지션으로 베니 모레를 선택한 것은 당연한 일이라 할 수 있다.

베니 모레는 아프리카적인 요소와 스페인 및 유럽적인 요소 모두를 능숙하게 다루어낼 수 있기 때문에 그 안에서 다양한 음악적 변화를 이룰 수 있었다. 그는 라틴 음악에서의 발라드라고 할 수 있는 볼레로와 댄스 뮤직인 맘보, 룸바에서 모두 괄목할 만한 결실을 맺었다.

그런데 베니 모레는 악보를 보지 못했다고 한다. 그러면서도 두 곡의 음악을 작곡했다. 그냥 작곡만 한 것이 아니라, 그 두 곡의 음악은 지금까지 많은 가수들과 밴드에 의해 불리고 있고 연주되고 있다. 「Bonito Y Sabroso」와 「Que Bueno Baila Usted」이 바로 그 곡들이다. 살사 음악에 관심이 좀 있거나 라틴 음악을 좀 들어본 사람이라면 알 만한 곡이다. '부에나비스타 소셜 클럽'의 멤버들이 한창 활동하던 1940~1950년대 쿠바 음악 최고의 스타가 바로 베니 모레이다. 베니 모레가 악보를 보지 못했던 이유는 그가 정규 교육과정을 통해 음악을 배우지 못했기 때문이다. 그는 어려서부터 항구 근처의 거리에서 노래를 부르며 돈을 벌던 길거리 뮤지션 출신이다. 즉, 어려서부터 사람들을 즐겁게 해주고 돈을 벌던 엔터테이너의 기질을 뼛속 깊이 간직하고 있었던 것이다.

그의 인생에서 가장 큰 변화는 1945년 미구엘 마타모로 (Miguel Matamoro) 밴드의 일원으로 멕시코로 가게 되면서 시작된다. 당시 멕시코에서는 영화 산업이 각광을 받고 있었고 특히 많은 쿠바의 뮤지션과 배우들이 멕시코에서 활동하고 있었다. 당시 쿠바와 멕시코 사이에 문화적인 교류는 아주 잦았다고 한다. 당시 쿠바와 멕시코가 라틴아메리카 문화의 중심지였기 때문이다. 베니 모레는 멕시코 RCA/Victor 사장이었던 마리오 리베라 꼰데(Mario rivera Conde)를 만난 후 음반 활동을 시작하게 된다. 당시 마리오 리베라는 맘보킹으로 알려진 페레즈 프라도(Perez Prado)와 함께 활동하고 있었다. 요즘도 페레즈 프라도의 맘보는 심심치 않게 CF 배경음악으로 등장한다. 얼마 전 개봉한 체 게바라의 젊은 시절을 그린 영화 「모터싸이클 다이어리」에 등장한 맘보 음악 또한 페레즈 프라도의 작품이다. 아무튼 베니 모레는 빠른 음악과 발라드 음악을 위주로 멕시코에서 활발하게 활동했다.

여기서 잠깐 우리가 염두에 두어야 할 것은 쿠바혁명이다. 혁명 세력들은 1959년 정권을 잡고 그 세력을 펼치기 시작했고, 1961년 미국의 대륙 봉쇄령 이후 쿠바는 사회주의를 표방하고 문화적으로 미국, 멕시코 및 기타 중남미 지역, 기타 카리브해 도서 지역과도 단절되었다. 그 이후로 쿠바의 음악과 문화는 많이 변한다. 그 이전까지 쿠바의 이미지는 '미국의 카지노', '카리브해의 라스베가스' 정도였다. 그만큼 교류도 많이 있었고 나쁜 면도 있었지만 음악과 춤이 발전할 수 있는 토대가 마련되었다는 장점도 있었다. 이런 시기에 바로 베니 모레가 활동한 것이다.

「Bonito Y Sabroso」, 「San Fernando」, 「Donde Estabas Tú」 같은 음악들이 이 시기에 발표된 곡들이다. 하지만 베니 모레의 대표곡은 앞에서 언급한 「Que Bueno Baila Usted」, 「Como fue」이다. 이 가운데 「Como fue」는 여러 뮤지션들에 의해 리메이크 될 정도로 유명한 곡이다. 1953년 베니 모레는 쿠바로 돌아와 그의 빅 밴드와 함께 그가 생을 마칠 때까지 활동했으며, 「Francisco Guayabal」과 같은 춤추기 좋은 곡도 녹음했으나, 빠른 곡보다는 아름다운 볼레로에 좀 더 비중을 두어 활동했다. 특히 저음에서 순간 고음으로의 변화라는 그만의 독특한 발성, 드라마틱한 창법은 그의 볼레로를 더더욱 돋보이게 해주었다. 이 또한 라틴 음악의 전통이 되었다.

혁명이 일어난 후에도 그는 쿠바의 국민 가수로 꾸준한 활동을 했다. 1963년 2월 19일, 럼을 지독히 즐기던 베니 모레는 결국 간에 문제가 생겨 사망했다. 물론 혁명이 일어난 후 미국과 국교를 단절하고 쿠바가 점점 사회주의로 향해가던 시기였기 때문에 그의 죽음에 대해서는 아직도 의혹이 남는다.

베니 모레와 페레즈 프라도는 서로 잘 어울리지 못했다고 한다. 정통 보컬이었던 베니 모레는 페레즈 프라도의 개인기 혹은 도드라짐을 못 견뎌했다. 이는 정통 보컬의 한계라고도 할 수 있는데, 어느 정도 악보에서 벗어난 즉흥 연주와 개인기를 용인하는 데에 약간의 한계를 갖고 있었다고 할 수 있다. 하지만 베보 발데스와 페레즈 프라도는 피아노 연주자이고 카차오는 베이스 연주자이다. 즉, 연주자가 밴드의 리더가 되었을 경우 메인 보컬을 넘어서는 개인기 및 즉흥 연주가 가능해질 수 있으며, 당시 자신의 이름을 걸고 밴드 활동을 하는 경우가 많았기에 밴드 리더의 약간의 일탈, 또는 본인의 존재감을 드러내는 연주는 필수적이었다. 이런 특징이 그들의 음악을 재즈의 범주에 들어가게 하는 이유 중 하나이다.

하지만 베니 모레가 자신의 밴드에서 이런 즉흥 연주를 용인하는 데에 한계를 지녔다고 해도 그는 쿠바 음악 최고의 스타로 죽기 전까지 쿠바 음악의 첫 번째 번성기를 이끌었으며, 그의 빅밴드에서 수많은 젊고 재능 있는 뮤지션들이 새롭게 데뷔하였다. 비슷한 시기에 활동했던 부에나비스타 소셜 클럽의 멤버들은 베니 모레와 함께 공연했다는 사실을 그들의 커다란 자부심으로 삼고 있을 정도이다. 베니 모레와 함께 음악 활동을 했던 많은 뮤지션들은 곧 독립했고, 이들은 자신들의 이름을 걸고 밴드를 만들어 세계 어디를 가도 빠지지 않는 멋진 즉흥 연주를 비롯한 훌륭한 연주를 펼쳐 보이며 쿠바 음악의 전성기를 이어간다.

춤으로의 살사 : 기본 스텝

춤으로서 살사는 할 말이 그리 많지 않다. 일단 가장 확실한 것은 커플 댄스에 대한 부분이다. 남녀가 커플로 추는 춤은 유럽이 원조이다. 물론 여러 나라 민속춤 가운데 남녀가 커플을 이루는 경우도 있지만, 그것은 마을 축제에서 이루어진 것으로 각각의 커플끼리 춤을 춘 것이 아니라, 여러 커플들이 한데 어울려 춤을 춘 것이라고 할 수 있다. 따라서 사교장에서 개인 간에 춤을 신청하여 한 쌍의 커플을 이루어 춤을 추기 시작한 것의 원조 또한 유럽이라고 할 수 있다. 여기에는 논란의 여지가 없다.

라틴아메리카에 커플 댄스가 유입된 것은 프랑스혁명이 일어난 직후로, 혁명이 일어나자 프랑스의 지배를 받고 있던 아이티의 난민들이 아이티와 인접해 있는 산티아고 데 쿠바를 통해 쿠바로 들어가게 되었다. 이들로 인하여 쿠바의 음악과 춤에 많은 변화가 있었다. 그 중 하나가 바로 커플 댄스였다. 그리고 19세기 초에 아바네라(Habañera)가 탄생하게 된다.

　이는 그 이전까지의 춤이 집단 군무이거나 또는 홀로 추는 춤이 대부분이었음을 의미한다. 남녀가 커플을 이루어 개별적으로 춤을 춘다는 것은 굉장히 에로틱하면서도 근대적인 사건이었다. 유럽의 사교 댄스는 사교 댄스를 즐길 수 있는 한정된 장소에서 적당한 예의와 격식을 차려야만 행할 수 있는 것이었으나, 이것이 중남미에서 점점 대중들에게 퍼지면서 좀 더 개인적이면서 자유롭고 에로틱한 양상을 보이게 된다.

　당시 수많은 사람들이 지나가던 길목이자 유럽과 신대륙 사이의 관문이었던 쿠바에 이 커플 댄스가 유입되면서 쿠바의 춤은 많은 변화가 일어났다. 각 부족의 출신 지역, 즉 다시 말해 자신의 정체성을 나타내던 민속 음악과 춤이 개인적인 향락과 여가의 수준으로 이동하게 된 것이다. 그리고 음악보다 통합되는 과정이 더디었던 춤이 드디어 음악과 결합하게 된다. 이제 그들에게 음악은 춤을 추기 위한 필수 요소이고, 춤은 음악을 함께 즐기기 위한 필수 요소가 되었다. 이렇게 성립된 중남미의 커플 댄스는 다분히 유럽 사교 댄스에 그 기원을 두고 있었으므로 남녀가 만드는 콤비네이션 동작들은 유럽의 것과 크게 다르지 않았다. 실제 살사는 사교 댄스뿐만이 아니라 스윙댄스와 탱고[4]를 비롯한 기타 모던 댄스, 스페인의 플라멩코와 그 외의 춤들은 물론 현대의 힙합 댄스의 요소까지도 차용이 가능한 춤이며, 그 외의 다른 어떤 춤이라도 녹아들어갈 수 있는 춤이다.

우리는 앞에서 라틴 음악의 특징이 싱커페이션, 즉 엇박에 있음을 살펴보았다. 춤의 가장 기본적인 정의를 음악에 맞추어 몸을 움직이는 것이라고 할 때, 음악의 특징이 춤에서 나타나는 것은 아주 자연스럽고 당연한 일이다. 4박자를 예로 들어보면 4박자 음악은 기본적으로 '강-약-중강-약'으로 리듬이 구성된다. 여기에 싱커페이션의 느낌을 줄 수 있는 방법은 두 가지이다. 첫 번째 강세를 '중'이나 '약'으로 하고, 그 다음 '약'이 올 자리를 '강'이나 '중'으로 대체하면 리듬은 다소 불안정해지지만, 반면에 역동성은 커지고 마치 농구에서 드리블을 할 때 생기는 묘한 탄력과 역동성마저 느끼게 된다. 우리의 "어깨춤이 절로 난다"라는 표현에서 그 느낌이 엇박의 느낌과 비슷하다. 흑인들이나 라티노의 몸짓에서 느껴지는 역동성의 비밀이 바로 이 엇박에 있는데, 대개의 경우 발이 움직이고 체중이 나중에 움직이는 모습을 보여주기 때문에 마치 꺼덕꺼덕 움직이는 듯 보인다. 이런 엇박, 즉 싱커페이션의 느낌이 라틴 음악, 특히 살사에서 중요하게 다루어지고 있으며, 다른 춤에서도 이런 느낌이 본질적이고 핵심적인 요소로 지적되고 있다.

자, 그렇다면 춤에서 이런 엇박의 느낌은 어떻게 나타나야 할까? 그 해답은 당연히 기본 스텝에 있다. 그러므로 기본 스텝을 한번 찬찬히 살펴보기로 하자. 살사의 기본 스텝은 매우 단순하다. 왼발이 나가고 나면 오른발이 나가고, 이것은 춤을 마칠 때까지 계속 반복된다. 이런 동작 안에서 엇박의 느낌은 어떻게 흘러나올까? 우선 이 질문에 답을 하기 전, 엇박을 몸으로 느끼기 위해 예를 하나 들어 보자. 여기에는 약간의 상상력이 필요한데, 우선 어깨 높이 정도의 나뭇가지에 큰 고무줄 하나를 묶고 그 고무줄을 처지지 않을 정도로만 팽팽하게 잡고 있다고 상상을 해보자. 이제 4박자, 즉 4단계로 움직여 보자. 첫 번째 박자에서는 그냥 고무줄을 잡고 있지만, 두 번째 박자에서는 힘껏 고무줄을 당기고, 세 번째 박자에서는 당겨진 고무줄의 탄력을 이용하여 풀어주고, 네 번째 박자에서는 아무런 힘이 가해지지 않은 팽팽한 상태가 되도록 한다. 물론 각 단계가 분절된 느낌이 아닌 부드럽게 이어지는 한 호흡의 움직임이 되도록 해야 한다.

이렇게 몇 번을 반복한다고 상상해 보자. 이것이 바로 엇박, 강한 엇박의 느낌이다. 이것을 스텝에 적용하면[5] 첫 번째 박자에 왼발을 앞으로 내밀면서 체중은 오른쪽에 둔다. 두 번째 박자에서 체중을 오른쪽에서 왼쪽으로 이동시킨다. 그리고 세 번째 박자에서는 체중을 오른쪽으로 옮기면서 왼발을 제자리에 두고, 네 번째 박자에서는 체중 이동으로 생긴 은근한 탄력을 이용하면서 체중을 다시 왼쪽으로 옮긴다. 체중을 왼쪽으로 유지하면서 오른발을 뒤로 내밀고 두 번째 박자에서 체중을 오른쪽으로 옮기고 왼발의 경우와 같은 과정을 반복한다.

첫 번째 박자에서 발만 내밀고, 두 번째 박자에서 체중을 이동하는 것이 바로 엇박의 느낌을 만드는 핵심적인 열쇠이다.

여기에서 주의할 점은 자연스럽게 체중을 이동해야지 일부러 허리를 밀어서 골반의 움직임을 만들 필요는 없다는 것이다. 체중이 한쪽으로 기울게 되면, 자연스럽게 어깨는 반대로 움직여 중심을 잡으면 된다. 특히 여자보다 남자는 이런 스텝을 밟는 과정에서 중심을 잃지 말아야 하며, 체중을 원활하고 역동적으로 이동시켜야 한다. 요즘에는 일부러 어깨를 과도하게 움직여 상체의 움직임을 만드는 경우도 있는데, 어떤 경우든지 일부러 몸을 과도하게 움직이게 되면 신체에 무리를 주게 되어 나중에 문제가 될 수 있다. 물론 체중을 한쪽으로 기울이는 동작 또한 신체에 무리를 주는 동작이지만, 이 상태를 계속 유지하는 것이 아니라, 마치 음파의 파동처럼 끊임없이 이어지는 연속적인 움직임이므로, 당연히 부드러워야 한다.

여기서 언급하는 이 리듬감은 특히 쿠바를 비롯한 라티노들이 즐겨 구사하는 것으로, 혼자일 때보다는 커플을 이루어 조화를 이룰 때 춤의 효과가 극대화된다. 즉, 다시 말해 남녀가 마치 고무줄로 연결된 것처럼 서로 밀고 당기면서 스텝을 밟으면, 살사를 추는 커플은 하나로 이어진 듯한 느낌을 준다. 그래서인지 쿠바를 비롯한 라티노들, 특히 남자들은 왼발을 뒤로 향하게 하는 백스텝을 일반적으로 사용하는데, 이것은 여자의 오른발이 뒤로 향할 때 남자의 왼발도 뒤로 향하여 남녀가 서로 밀고 당기는 모습을 보이게 되고, 서로 엇박의 느낌이 합쳐질 때 고무줄로 연결된 듯한 느낌을 더욱 강하게 만들기 위함이다. 물론 이렇게 되기 위해서는 올바른 스텝도 중요하지만 서로의 스텝에서 만들어진 엇박의 느낌을 전달하는 상체와 팔의 움직임도 매우 중요하다. 그래서 이런 방식의 스텝은 홀로 거울 앞에서 연습하기보다는 파트너와 함께 서로를 느껴가면서 연습하는 것이 더 효과적이다.

앞에서 '강한 엇박의 느낌'이라는 표현을 썼다. 그렇다면 약한 엇박의 느낌도 있다는 것일까? 그렇다. 약한 느낌의 엇박도 있다. 이는 20세기 초반에 유행한 고전적인 재즈에서 쉽게 들을 수 있는데 베이스가 4박자를 균질하게 연주하는 형태이다. '강-약-중강-약'이 되어야 하는 정박의 4박자 곡에서 이 흐름을 거스르는 '중-중-중-중' 혹은 '약-약-약-약'이 그것이다. 물론 드문 경우이기는 하지만 '강-강-강-강'도 있다. 이런 방식들은 고무줄의 역동성을 느끼게 하는 '강한 느낌의 엇박'과는 다르게 '약한 느낌의 엇박'을 만들게 된다. 이 경우에는 고무줄의 탄력이 아니라 마치 빙판 위를 미끄러져 나가는 듯한 느낌을 준다. 그리고 파트너쉽 또한 '강한 느낌의 엇박'의 경우 눈으로 보일 정도로 강한 반면에 '약한 느낌의 엇박'의 경우는 좀 더 내밀하고 섬세한 편이다.

여기까지 말하고 나면 살사를 아는 사람들은 뉴욕에서 유행하고 있는 on2스타일 살사에 대한 이야기를 하고 있다는 사실을 눈치 챘을 수도 있다. '강-약-중강-약'의 4박자 음악에 맞추는 on2스타일 살사는 남자를 기준으로 첫 번째 박자에 왼발을 약간 뒤로 하고, 두 번째 박자에 오른발의 보폭을 알맞게 약간 크게 뒤로 하고, 세 번째 박자에 체중을 이동하고, 네 번째 박자에 다시 체중을 은근히 이동(사람에 따라 멈추어 있다고 하는 경우도 있지만 구분 동작이 아니라 연속으로 하게 되면 음악도 그렇지만 춤도 멈추지 않는다)한 후, 다섯 번째 박자에 오른발을 제자리 혹은 왼발의 위치보다 약간 앞쪽으로 위치시키고 왼발은 오른발의 경우와 마찬가지로 계속 스텝을 밟으면 된다. 도식적으로 표현하면 결과적으로 세 번째 박자에 강세가 오는 듯도 하지만, 대부분의 경우 강세 없이 빙판 위를 미끄러지는 듯한 느낌이 되기 쉽다. 이것은 스텝에서 기인한다고 할 수도 있지만 사실은 음악의 역할이 더 크다. 라틴 재즈의 중심지이기도 한 뉴욕에서 유행한다는 것을 염두에 두고 보면 요사이 흔히 들을 수 있는 라틴 재즈의 특성이, 물론 일반적으로 쉽게 들을 수 있는 재즈도 마찬가지라고 생각하지만, 강한 악센트 없이 부드럽고 유려하게 연주되는 것이므로 당연히 춤도 여기에 맞추어 적응한 듯 보인다.

부드럽고 유려한 음악에 너무 강한 엇박의 느낌이 나는 춤을 춘다는 것은 다소 어색한 일이다. '강한 느낌의 엇박'이 약간 토속적, 민족적, 지역적, 전통적이라면, '약한 느낌의 엇박'은 다분히 도시적, 범세계적, 범민족적, 탈지역적이다. 어떤 이는 '강한 느낌의 엇박'을 마초적인 살사라고 하고, '약한 느낌의 엇박'을 게이적인 살사라고 표현하기도 한다.

그런데 혹시라도 "어? 이건 아닌데?"하는 생각을 갖는 사람들이 있을 수도 있으므로 노파심에서 한 마디 덧붙이면, 공연용 동작 중에서 싱커페이션 무브(syncopation move)라는 것이 있다. 이것은 첫 번째 박자를 강하게 하여 동작의 역동성을 높이는 움직임으로서, 다분히 사람들의 시선을 끌기 위한 과시적인 동작이다. 그런데 왜 명칭이 '싱커페이션 무브'일까? 엇박이라는 것은 정박을 거스르는 박자, 리듬을 말한다. 살사에서는 엇박이 규칙이다. 강한 엇박이든 약한 엇박이든 살사에서의 기본규칙은 바로 엇박이다. 결과적으로 이 엇박의 규칙을 깨는 엇박은 다름 아닌 바로 정박, 그래서 살사에서 싱커페이션 무브가 결과적으로 첫 번째 박자를 강조하는 모습으로 나타난 것이다.

사실 엇박도 너무 계속되면 약간 지겨운 감이 없지 않고, 처음의 역동성과 탄력이 점점 익숙해지면서 매너리즘에 빠지기도 한다. 그러므로 가끔은 이렇게 변화를 줄 필요가 있는 것이다. "규칙은 깨라고 있다"라는 말도 있다. 물론 처음부터 끝까지 이 싱커페이션 무브를 써서 살사를 춘다면 그것은 살사가 아니라 스윙이나 혹은 다른 춤이 될 것이다. 살사 추는 모습을 보면, 처음부터 끝까지 이렇게 추는 사람도 있다. 강하게 팍팍 밀고 당기는 경우가 있는데, 이는 불행히도 살사의 기본과 거리가 먼 춤이라고 할 수 있다.

그리고 골반을 움직여야만 라틴 댄스라고 생각하는 사람들이 많은데, 그것은 살사의 양념일 뿐이다. 골반을 좌우로 움직이는 것은 앞뒤로 움직이는 스텝의 부산물이다. 앞뒤로 움직이면서 자신이 원활하게 움직일 수 있는 정도의 탄력과 역동성을 만드는 것이 제일 중요한 목표이다. 물론 여자는 약간의 여성미를 돋보이게 하기 위해 골반을 움직일 수 있다. 그러나 이것이 허리를 이용하여 과도하게 엉덩이를 흔드는 것이 아니라는 것은 누구나 알 것이다. 심지어 댄스 스포츠에서도 자신의 균형을 넘어서는 골반 움직임은 잘못된 것으로 가르치고 있다.

살사의 유래와 성립 배경

살사는 많은 이들이 아는 것과 마찬가지로 소스라는 뜻이다. 하지만 모든 소스가 다 살사라는 이름으로 불려지는 것은 아니다. 일반적으로 즙을 내어 쓰는 양념을 살사라고 한다. 제일 유명한 것은 멕시코식 살사로 절인 고추인 할라페뇨와 잘 익은 토마토를 잘게 썰고 여기에 양파도 썰어 넣어 실란트로라는 향료로 향을 낸 멕시코식 살사를 꼽을 수 있다. 이 멕시코식 살사에 약간의 레몬즙이나 식초를 넣고 펄펄 끓여 넥타로 만들면 케첩이 된다는 설도 있다. 멕시코식 살사와 더불어 인기 있는 살사는 녹색의 살사, 즉 살사 베르데(Salsa verde)이다. 살사 베르데는 멕시코의 풋고추를 즙을 내어 사용한다. 아주 화끈한 매운 맛이 느끼할 수 있는 볶음요리를 깔끔하게 만들어주기도 한다. 이 정도라면, 양념으로서 살사를 대강 설명한 듯하다. 물론 마늘 살사 등 특이한 살사도 많이 있지만, 이 책은 요리책이 아니므로 과감히 생략하겠다.

그런데 이런 양념의 이름인 살사가 왜 음악/춤의 이름이 되었을까? 그 이유는 라틴 음악에서 처음으로 '살사'라는 용어를 누가, 왜 썼는지를 알아보면 쉽게 풀릴 수 있는 질문이다. 라틴 음악계에서 살사라는 용어는 공식적으로 1933년 셉떼또 나시오날Septeto Nacional 밴드의 「Echale salsita」라는 곡에서 처음 쓰였다고 한다. 번역을 하면 "좀 더 맛깔스럽게 해봐" 정도이다. 이 곡은 살사라기보다는 맘보 혹은 차차차에 가까운 곡이지만 살사라는 용어를 처음으로 사용한 곡인 것은 틀림없다. 그렇다면 이들은 왜 자신들의 음악에 '살사'라는 용어를 사용했을까?

스페인의 투우나 플라멩코 공연을 본 사람이라면 관중들 혹은 공연하는 이들이 '올레(Ole)'를 비롯한 여러 여흥구를 서로 주고받으며, 마치 판소리의 추임새처럼 흥을 고조시키는 것을 보았을 것이다. 라틴 음악도 플라멩코와 흡사하게 상당히 많은 여흥구를 주고받는다. 특히 클럽에서 공연하는 밴드들은 관객을 좀 더 흥겹게 하기 위해 여흥구를 사용하는 것은 어떤 면에서 필수적이었고, 연주자들의 솔로 연주가 점점 더 빈번해지면서 이런 여흥구의 사용도 잦아지게 되었다. 페레즈 프라도의 '웃'과 '핫', 셀리아 꾸르즈의 '아수까르(Azúcar)', 오스카데 레옹의 '파우(Pow)'와 '사브로소(Sabroso), 사보르(Sabor)' 여기에 '께

리코(que rico)' 또는 그냥 짧게 '리코(rico)', '피칸테(picante)' 또는 '피카(pica)' 등 다양한 여홍구들이 있고, 유명 뮤지션들, 특히 가수의 경우 자신만의 여홍구를 가지고 있는 경우가 많다. '살사(Salsa)'나 '살시타(salsita)' 또한 여홍구였다. 이런 여홍구가 음악이자 춤인 살사의 이름이 된 데에는 여러 가지 설이 있다. 가장 많이 알려진 것은 미국의 강력한 반공 정책에 의해 쿠바의 용어, 더 나아가 스페인 용어를 쓰는 것이 어려웠기 때문에 차선책으로 살사라는 이름을 쓰게 되었다는 것이다. 가장 신빙성이 있는 것은 우리나라의 '최신 댄스 앨범'이나 '죽이는 음악'과 맥을 같이하는 맛깔스러운 음악, 춤추기 좋은 음악을 "La música salsa, La música salsita"라 하다가 이를 줄여 살사라는 명칭으로 굳어졌다는 설이다. 또 다른 설로, 살사라는 말을 라틴 음악과 춤의 이름으로 공식적으로 상용화 한 사람은 베네수엘라 출신의 클럽 DJ라는 것이다. 그는 클럽에서 춤추기 좋은 음악을 골라서 『Las salsas』라는 이름으로 앨범을 발매했다고 한다. 아무튼 확실한 것은 살사라는 명칭은 여홍구에서 나온 것이라는 점이다. 우리말로 표현한다면 '얼쑤'나 '신난다!', 조금 속된 표현으로는 '죽인다!' 정도가 된다. 이것은 모두 살사의 태생이 클럽이라는 것과 그리고 춤을 추는 사람을 대상으로 한다는 것을 의미한다. 살사가 음악적으로 어떠한 스타일을 확고히 하게 된 시기는 1960년대 중반에서 1960년대 말 정도로 보고 있고 이후 1970년대까지 살사는 '파니아(Fania)'란 레이블을 탄생시키면서 승승장구하게 된다.

이 이후로 넘어가기 위해서는 약간의 배경지식이 필요하다. 일단 정리를 좀 하고 나서 계속 이야기를 해보자.

미국의 남동부 지역, 그 중에서도 플로리다 지역은 19세기 초까지 스페인의 땅이었다. 이 지역은 1819년 스페인이 미국에 할양한 땅이고 이후 1898년 미서전쟁에서 스페인이 패하면서 라틴아메리카에서 가장 오래 유지되던 식민지였던 쿠바와 카리브해 도서 지역마저 잃어버리게 된다. 이로써 카리브해의 정치적 경제적 주도권은 미국으로 넘어가게 된다. 특히 미국이 2차 세계대전 이후 세계적인 경제 강국으로 성장하면 할수록 세계의 많은 이들이 미국, 특히 뉴욕으로 모여들었다. 2차 세계대전 이후 세계의 중심은 파리나 런던에서 뉴욕으로 옮겨갔다. 자국에 있을 때는 서로 만나지 못했던 쿠바인, 도미니카인, 푸에르토리코인, 파나마인, 베네수엘라인, 멕시코인, 과테말라인들을 비롯한 카리브해와 중미의 라티노들이 뉴욕의 뒷골목에서 서로 만나게 되었다. 그리고 드디어 서로 어떤 음악에 춤을 추며 어떤 노래를 어떤 방식으로 부르는지 알게 된 것이다. 그들은 그렇게 뉴욕에서 자연스레 히스패닉 커뮤니티를 만들게 되었으며 미국 내 스페인계 사람들을 달래주는 음악과 춤으로 살사가 탄생하게 된다.

그 시작이 어디였건 상관없이 살사는 뉴욕에서 태어났으며 살사의 요람은 뉴욕의 히스패닉 커뮤니티이다. 대도시의 외로운 삶을 일순간이나마 맛깔스럽게 바꾸어 주는 양념이 바로 살사(춤과 음악 모두를 지칭한다)였던 것이다.

살사가 짧은 시간 안에 미국 내에서 자리 잡게 된 데에는 1930~1940년대 비밥의 유행과 거의 맥을 같이하는 맘보의 영향이 컸다. 19세기 이전부터 스페인어권 지역에서 음악적 교류는 비일비재했으며 미국의 남부와 서부, 동부에 라틴음악을 소화할 수 있는 문화적 배경과 소비계층이 이미 형성되어 있었다. 게다가 1970년대가 되면 미국 내 흑인 및 소수인종 해방운동이 불붙게 되고, 삶의 자유를 꿈꾸는 히피운동도 일어나게 된다. 집시들의 철학은 라티노의 삶과 거리가 있다고 해도 히피들의 정서, 마치 집시를 연상시키는 그들의 정서는 다분히 라티노적인 것이었다. 게다가 소수인종 해방운동은 언제나 정체성의 문제를 안고 가고, 그에 따라 음악과 미술 등 다양한 예술 분야에서 그들의 정체성을 찾아가는 시도가 있었다. 살사 또한 그 안에 포함되었다.

살사는 미국 내 라티노들의 삶을 달래주는 친구로서 각 국가와 지역 간의 차이를 극복하고 라티노들의 삶에 공통적으로 적용되는 정서를 형성했던 것이다. 그리고 자연스레 그들의 정체성에 대한 해답이 되었으며 럼주와 함께 고향의 향수를 달래주는 친구가 되었다. 그리고 대외적인 조건들도 함께 상승작용을 하면서 점점 더 그 문화적 위치를 확대해 나갈 수 있었으며 현재에는 전 세계적인 문화 흐름으로 자리 잡고 있다. 살사가 앞으로 어떻게 성장하고 발전할지 지켜보는 것도 즐거운 일일 것이다.

근대 쿠바 음악의 대표 '이라께레'와 '로스 방방'

    이라께레와 로스 방방(Los Van Van)은 쿠바의 자존심이자 자랑이다. 이 두 밴드가 쿠바 음악계에서 차지하고 있는 중요도와 소중함은 서로 비교할 수 없을 정도로 높다고 할 수 있다. 먼저 이라께레의 이야기부터 하겠다.

    특히 근대적 쿠바 음악에 미친 이라께레의 영향력은 정말 말로 표현하기 어렵다. 로스 방방이나 이라께레 모두 쿠바혁명 이후에 만들어진 팀이다. 이 두 팀의 음악은 쿠바가 미국과 멕시코 등 다른 여러 나라들과 음악적/문화적 교류를 할 때가 아닌, 고립된 상태에서 쿠바 음악은 어떻게 변화 발전하였는가를 보여주는 중요한 의미를 갖는다. 베니 모레의 전성기 때에는 아바나를 중심으로 하는, 어느 정도 체계적인 연습과 정규 음악 교육을 받은 일련의 음악인들과 산티아고 데 쿠바를 중심으로 하는, 어릴 적부터 특별한 교육 없이 악기를 연주해 온 일련의 음악인들이 하나로 뭉쳐서 한 팀을 이루었다고 할 수 있으나, 이라께레 시기에 와서는 정규 교육 과정을 거치며 공부한 젊은 음악인들이 음악에서의 혁명, 혁명적인 변화를 꿈꾸게 된다. 그리고 이라께레의 음악은 쿠바의 근대 음악을 완전히 바꾸게 되고, 거기에서 멈추는 것이 아니라 이들의 음악으로 다른 라틴아메리카의 뮤지션들 심지어 미국의 재즈 거장 디지 길레스피 등을 비롯한 많은 이들에게 감동을 주었다.

이라께레는 '북치는 사람'이라는 뜻이다. 그저 단순히 북치는 것을 의미하는 것은 아니라, 높은 망루에서 적의 침입 혹은 화재 등의 사건 사고를 알리는 파수꾼을 의미한다. 이라께레는 다른 이들보다 더 멀리 보고 자신들이 본 것을 리듬으로 표현한다는 의미도 내포하고 있다. 이라께레는 1973년에 결성되었는데, 쿠바 최고의 피아니스트인 추초 발데스와 가장 어린 나이에 색소폰을 연주한 것으로 유명한 파키토 드 리베라(Paquito D'rivera), 영화 「리빙 하바나」의 실존하는 주인공 아르투로 산도발(Arturo Sandoval) 등을 비롯하여 많은 뮤지션들이 함께 했던 밴드이다. 이후 쿠바 음악에 주요한 역할을 담당했던 라 반다(NG la Banda, NG＝New Generation), 차랑가 아바네라(La Charanga Habañera), 마라카(Maraca)와 같은 팀의 리더 및 멤버들이 이라께레를 거쳐 간 것은 결코 우연한 일이 아니었다. 이라께레는 근대적인 쿠바 음악의 새로운 대안이었던 것이다.

초창기 이들의 음악은 다분히 춤추는 것을 전제로 하고 있다. 물론 이전에 유행하던 전통적인 맘보와 룸바를 재현하는 것이 아닌 전혀 새로운 댄스 뮤직을 꿈꾸고 있었고, 좀 더 강렬하고 에너지가 넘치는 음악을 생각하고 있었다. 그렇게 탄생한 곡이 쿠바에서 아주 유명한 「Bacalao con Pan」이다. 이 곡이 중요한 이유는 강렬한 기타 사운드 때문이다. 바탕가(Batanga)를 기본으로 하지만 기타가 리듬을 주도하여 이 곡을 전혀 다른 분위기로 이끌고 있다. 이 곡은 쿠바의 젊은이들에게 큰 반향을 불러일으켰으며, 이후 띰바(Timba)라는 장르가 성립하는 데 초석을 닦았다. 하지만 이라께레의 멤버들은 춤을 출 만한 흥겨운 음악을 연주하고 만드는 것보다 쿠바 음악 자체를 바꾸고, 좀 더 감상할 만한 음악을 만들기를 원했다. 「La Misa Negra」「Xiomara」 등은 어떤 재즈 음악보다 더 예술적이고 복잡한 구성을 가진 곡이었다. 이들이 이렇게 음악적으로 난해한 음악을 추구할 때, 이와 비례해서 살사, 즉 춤추는 사람과 소통할 수 있는 음악과는 점점 멀어지게 되었다.

하지만 음악이 언제나 춤을 출 수 있어야 하는 것은 아니다. 가끔은 감상만을 위한 음악도 필요한 것은 당연하다. 물론 어떤 이들에게 음악은 감상을 위한 것이기 때문에, 춤을 추기 위해 만들어지는 음악은 쓰레기라는 시각도 있지만, 이라께레는 이후 음악성을 추구하는 많은 밴드의 전형이 되었다. 게다가 그들은 쿠바의 전통을 계승하면서도 그것을 발전시키려고 하는 밴드와 음악인들은 물론, 좀 더 예술적이면서 현대적인 음악을 추구하거나, 미국 및 기타 세계 여러 나라에서 라틴 재즈를 추구하는 밴드와 음악인들의 모델이 되었다. 이처럼 이라께레의 영향력은 쿠바와 라틴아메리카를 넘어섰다. 이라께레는 '최고'란 말이 전혀 어색하지 않은 밴드이다.

이라께레는 1978년 콜롬비아 레코드사와 계약하면서 전 세계적인 명성을 얻기 시작했다. 모두에게 음악성을 인정받고 있던 터라 냉전이 한창인 시기에도 이라께레는 유럽 투어 등 해외공연을 할 수 있었다. 하지만 이와 더불어 멤버들의 갑작스런 망명이 한때 팀의 존립을 위협하기도 했다. 1980년 파키토 데 리베라가 미국으로 망명을 했으며, 아르투로 산도발은 1990년 이탈리아 공연 중에 망명을 했다. 이외에도 이라께레의 멤버 중에 망명한 이는 몇 명 더 있다. 냉전의 한가운데서 쿠바의 최정상급 밴드의 멤버들이 망명을 했다는 것은 쿠바가 얼마나 예술적인 자유를 허용하지 않았는가를 반증하는 사례이다. 아무튼 쿠바 정부가 이라께레의 활동을 탐탁하게 여기지 않았을 것이란 것은 쉽게 짐작할 수 있다. 하지만 이라께레의 음악은 이 모든 난관을 넘어서고 남음이 있었다. 그래서 현재까지도 꾸준하게 활동하고 있는 것이다.

현재는 이라께레의 정신적인 지주였던 추초가 탈퇴한 상태이고, 젊은 차세대 음악인들이 다시 이라께레를 이끌어 가고 있다. 그들이 얼마나 더 멀리 보고 신명나게 연주할 수 있는지 지켜보는 것도 재미있는 일이 될 것이다.

이제 로스 방방의 이야기를 좀 해보자. 얼마 전 쿠바의 한

무용단이 내한 공연을 한 적이 있었다. 홍대 앞에서 이들과 잠시 이야기를 나눌 기회가 있었는데, 이들의 말에 의하면 쿠바에서 각광받는 쿠바 밴드는 차랑가 아바네라(La Charanga habañera), 파울리토 엘리떼(Paulito F.G.Y Su Elite) 등이 있으나 역시 최고는 로스 방방이라고 했다. 이라께레가 쿠바의 근대적 음악을 변화·발전시켰다면 로스 방방은 쿠바의 클럽 댄스를 발전시킨 장본인이다.

미국에 의한 봉쇄 조치 이후 쿠바는 다른 문화권과의 접촉이 어려워졌고, 따라서 세계 여러 나라의 최신 유행의 어떤 것도 쉽게 받아들일 수 없게 되었다.

이런 상황에서 천성적으로 자유롭지 못하고 새로운 것을 추구하려는 욕망이 없는 사람들이라면 자신들이 들어오던 곡들만 그저 재현하며 지낼 것이나 쿠바인들은 그렇지 않았다. 역동적이고 흥겨움을 기본으로 하면서도 그 안에서 다양한 변화를 즐길 줄 아는 사람들이었고, 이런 쿠바인들의 욕구를 충족시켜 준 것은 다름 아닌 로스 방방의 음악이었다. 로스 방방의 음악은 쿠바인들의 몸짓이라고 해도 과언이 아니다. 이들의 음악은 그 템포가 빠르든 느리든 쿠바인들의 움직임에 맞춰져 있고, 그렇기 때문에 당연히 쿠바인들이 이들의 음악을 좋아하지 않을 수 없었던 것이다.

게다가 완전히 외부 세계와 차단되어 고립된 상태는 아니었기 때문에, 로큰롤이나 펑키 등의 음악적 요소에, 전자악기가 유행할 시기에는 전자 드럼과 신시사이저 등을 사용하기도 하여 자신들의 음악에 새로움을 추가하였다.

특히 로스 방방이 쿠바 음악을 혁명적으로 변화시킨 것은 표면적으로는 새로운 라틴 댄스 음악인 띰바(Timba)가 성립할 수 있는 토대를 마련했다는 것과 고전적인 룸바(Rumba)를 현대화하여 쏭고(Songo)[6]라는 음악을 만들었다는 것이다. 하지만 좀 더 세밀하게 살펴보면 전통적인 쿠바 음악에 드럼을 사용함으로써 콩가, 봉고, 띰발, 마라까스, 과히로, 카라카스, 끌라베 등 여러 가지 타악기들의 소리를 드럼 하나가 대신할 수 있도록 하였다는 데에 그들의 음악적인 변신의 비밀이 숨겨져 있다.

물론 드럼을 로스 방방이 쿠바에서 제일 처음 사용한 것은 아니지만 그들이 자신들의 음악에 드럼을 상용화함으로써 리듬 파트의 밴드 멤버를 줄일 수 있었고, 다른 타악기들도 기본적인 리듬 패턴을 드럼이 대신해주자 다른 타악기 연주자들은 좀 더 자유로운 연주를 할 수 있었다. 게다가 드럼의 상용화로 빠른 곡은 더욱 빠르고 공격적으로 연주할 수 있었고, 상대적으로 느린 곡에서는 콩가와 봉고가 좀 더 세밀한 연주를 할 수 있었기 때문에 20세기 초 혹은 19세기 말에 유행하던 아바네라 혹은 룸바의 느낌도 낼 수 있었다. 로스 방방의 쏭고는 현대화된 룸바라고 할 수 있다. 쿠바의 룸바는 살사와 흡사하기는 하지만 살사보다 더 당김음이나 엇박이 많이 사용된 것이 특징이다. 좀 더 원시적인 분위기이며, 좀 더 토속적이라 할 수 있다.

게다가 간과할 수 없는 로스 방방의 음악적 특성은 개성이 각기 다른 다수의 보컬을 기용한다는 점이다. 밴드에서 보컬이란 음악적으로나 가시적으로 팀의 얼굴이라 할 수 있다. 마치 가면을 바꾸어 쓰듯 다수의 보컬을 기용함으로써 음악적 다양성을 확보할 수 있었다. 로스 방방은 일반적으로 미성의 보컬과 약간은 거친 소리가 나는 남성적인 보컬을 주로 기용한다. 이들은 서로가 서로를 보완하는데 한 명이 메인 보컬이 되면, 다른 한 명은 코러스로 역할 분담을 확실히 한다. 그래서 로스 방방의 음악은 감미로움과 터질 듯한 역동성이 공존한다. 현재는 3명의 보컬이 함께 하면서 좀 더 다양한 음악을 들려주고 있다. 그리고 감미로움과 역동성이라는 두 가지 상이하고 이질적인 요소가 노래 한 곡 안에서 서로 섞이는 것은 로스 방방 이후로 수많은 띰바 밴드의 음악적인 전형이 되었다.

라 반다, 밤볼레오(Bamboleo), 차랑가 아바네라, 엘 메디꼬 드 라 살사(El medico de la salsa), 파울리토 엘리떼(Paulito F.G. Y Su Elite) 등 이후 쿠바의 댄스 음악에 조금이라도 관련된 밴드들은 전부 로스 방방의 후예라고 해도 과언이 아니다.

여기서 농담처럼 그들의 이름에 대한 짧은 이야기를 해 보자. 그들의 이름은 로스 방방(Los Van Van)이고 영어로 하면 더 고고스(The gogos)이다. 약간 연배가 있는 사람들은 나이트클럽의 예전 명칭인 고고장을 기억할 수 있을 것이다. 이들의 이름을 들으면 얼마나 클럽 댄스를 사랑하고 자신들의 일을 즐거워하면 이렇게 이름을 지었을까 하는 생각이 든다. 국내에서 한 밴드의 이름이 '나이트클럽'이라고 하면 사실 이들의 음악적 성향이나 그 외의 모든 것을 다 보여주는 것은 아닐까?

하지만 우울하게도 이들의 이름이 사탕수수 농장에서 "어서 일해라" 라는 말을 듣는 사람들을 뜻한다고 한다. 즉, 사탕수수 밭에서 한 사람이 채찍을 들고 "일해(go(영어), van(스페인어))"라고 외치고 있고, 그 옆에서 묵묵히 고개를 숙인 채 일하고 있는 사람을 상상해 보자. 그 고개를 숙이고 일하는 사람들이 바로 '더 고고스'이고 '로스 방방'이다. 쿠바는 한때 사탕수수의 단일 경제 시스템이었고 대부분의 사람들이 사탕수수 농장에서 일을 했다고 한다. 그들의 음악이 얼마나 쿠바 대중들을 향하고 있는지도 이름으로 미루어 짐작할 수가 있다.

살사의 발전 배경과 과정

1970년대를 이야기하기 전에 기본적인 이야기 몇 가지를 간단하게 살펴보았다. 다소 지루했을 수도 있고, 복잡한 이야기의 나열로 받아들였을 수도 있지만, 음악으로서 살사가 다른 문화 및 역사와 별개로 존재하고 발전해 온 것이 아니라, 라틴 음악의 전반적인 흐름 안에서 중요한 위치를 차지하고 있기 때문에 그 배경을 조금이나마 언급하지 않을 수 없었다. 더욱이 앞에서 살펴보았던 각각의 이야기들이 전부 개별적인 연구 과제가 될 수 있다는 것은 많은 연구자들이 쉽게 동의할 것이라고 믿는다.

이제 라틴 음악, 특히 중남미와 카리브해 도서 지역을 중심으로 하는 라틴 음악을 두 가지 관점으로 분류해 보자. 하나는 국제적 혹은 세계적인 관점이고, 또 하나는 지역적 혹은 민족적 관점이다. 쉬운 예로 탱고의 경우를 한번 생각해 보자. 탱고는 플라멩코의 한 장르인 스페인 남부 까디스(Cadíz) 지역의 음악인 땅고(Tango)에 남아메리카 지역의 원주민 음악과 아르헨티나 유럽 이주민들의 정서가 하나로 합쳐져서 만들어진 복합적인 것이다. 탱고는 아르헨티나 안에서도 현재까지 발전하고 있다.

하지만 20세기 초 세계의 중심 도시였던 파리에서 비로소 탱고는 세계적인 명성을 얻게 된다. 그리고 한때 전 세계에서 가장 각광받는 커플 댄스로 인기를 얻게 된다. 어쩌면 전 세계적으로 유명해진 탱고는 아르헨티나의 지역적인 정서를 듬뿍 담고 있는 땅고와 전혀 다른 것일 수도 있다. 적어도 같은 것이 아닌 것은 확실하다. 물론 이제는 세계적인 혹은 세계 공용의 탱고보다 땅고가 각광받는 시기가 온 것도 같고, 춤으로의 탱고는 너무나 유명하다 못해 코미디 프로그램에서 어색한 웃음의 소재가 되기도 한다. 국제적으로 알려진 탱고는 이제 쇼 프로그램에서 쉽게 차용할 수 있는 이미지만을 남겼거나 아니면 댄스 스포츠의 한 종목으로 굳어져 더 이상 클럽 댄스가 아니라 댄스 스포츠의 일부로 변질되었다. 적어도 현재 아르헨티나에서 만들어지는 땅고 음악은 탱고가 아니라 땅고를 위해 존재한다 할 수 있을 것이다.

탱고와 같은 과정이 바로 살사에서도 흡사하게 일어났다. 20세기 초까지 세계의 중심이 파리였다면, 2차 세계대전 이후 세계의 중심 도시는 바로 뉴욕이었다. 뉴욕은 현재까지 세계 경제의 중심이기도 하다. 아메리칸 드림을 꿈꾸는 많은 이들이 뉴욕으로 몰려든 것은 너무나 당연하다. 미국의 서부와 플로리다 지역의 양상은 좀 다른데, 그 지역은 예전부터 멕시코 및 스페인의 영토였고, 지명에서도 나타나듯이 이전부터 라티노들이 살고 있었다. 하지만 탱고와 파리의 관계와 다르게 살사 및 라틴 재즈의 중심지가 되는 뉴욕은 그 양상이 달랐다. 다양한 국적과 다양한 인종의 사람들이 상대적으로 풍부한 기회를 잡기 위해 몰려들었으며 그중에서도 다수를 차지했던 푸에르토리코 출신의 라티노들이 주도적으로 라티노 커뮤니티를 만들기 시작했다. 이역만리 타향은 아니라 해도 고향을 떠나온 이들에게 향수를 달래 줄 무언가가 필요했다. 파리의 탱고가 이국적인 어떤 것으로 탱고 그 자체만이 주목을 받으며 유입되었다면, 살사는 라티노 커뮤니티에서 자라고 만들어진 것으로 이제는 뉴욕이나 미국의 히스패닉 문화의 대표라고 할 수 있다.

쿠바의 사회주의화와 대륙 봉쇄 이전까지는 미국과 쿠바의 교류, 특히 음악적인 교류가 활발했으며, 그 결과 맘보가 미국 전역에 유행하게 되었다. 맘보의 유행을 이야기하면 페레즈 프라도를 떠올리는 사람들이 많지만 사실 맘보는 당시 라틴 댄스 음악 정도로 이해하면 좋을 듯하다. 맘보(Mambo)는 원래 음악에서 일정하게 반복되는 부분을 일컫는 말이었다. 초기의 맘보는 단순한 테마를 반복해서 연주하는 특징이 있었다. 그 외의 음악적 특징들은 사실 뭐라 딱히 규정짓기 어려운 면이 없지 않다. 그 이유는 스타일이 너무 다양하기 때문인데, 쿠바 음악을 예로 들면 맘보는 룸바와 단손(Danzón)이 하나로 섞이면서 성립되었다는 설이 거의 정설이다. 그러나 룸바와 단손, 맘보의 가장 큰 차이는 어느 지역에서 유행하였는가와 어떤 이들이 즐겼는가, 그리고 어떤 음계를 사용하였느냐이다. 물론 리듬의 차이가 있기는 하지만 그것은 장르를 구분할 정도의 본질적인 요소는 아니다. 가장 중요한 것이 바로 음계인데, 단손이나 룸바에서 찾아볼 수 있는 쿠바의 전통적인 음계가 맘보에서는 거의 빠져 있다. 즉, 지역적인 요소를 최소화한 것으로 볼 수 있다. 그리하여 현재 살사가 그렇듯이 맘보라는 명칭은 그저 음악 장르 혹은 춤의 이름이 아니라 당시 유행하던 라틴 댄스 혹은 커플 댄스의 이름이었다. 그 영향은 심지어 국내에서 '맘보바지'라는 명칭이 유행할 정도로 대단한 것이었다.

하지만 달도 차면 기우는 법이라고 했듯이, 한때 미국을 비롯하여 멕시코와 카리브해 도서 지역을 석권하던 맘보도 그 인기가 시들해지게 되었다. 맘보가 한창 전성기일 때, 미국의 재즈는 초기 비밥 시대였다. 당시는 아직도 재즈가 댄스 뮤직의 일부였으나 점점 듣는 음악, 감상하는 음악으로 이동하고 있었고 이와 마찬가지로 클럽 댄스 음악들은 재즈 혹은 맘보에서 펑키, 디스코 등으로 대체되기 시작했다. 즉, 미국 음악의 주류였던 재즈는 서서히 그 영역을 예술적 영역으로 확장하고 있었고, 비어있던 클럽 댄스의 자리를 다른 젊은 음악들이 차지하고 있었던 것이다. 당시 미국의 대중음악인 재즈는 특히 동부 및 남동부에서 라틴 재즈와 그다지 구분이 없었으며, 많은 재즈 뮤지션이 라틴 댄스 클럽에서 연주하기도 하였고, 라틴 음악인들이 재즈 밴드에 초대되어 연주하기도 하였다. 재즈가 점점 즉흥연주를 지향하고 연주자들의 음악적 교감이 중요해지면서 어릴 적부터 자신의 악기를 연주해서 마치 이야기하듯 자신의 감정을 표현할 수 있는 라틴권의 음악인들이 아주 각광을 받았다. 처음에는 리듬의 다양성, 즉 라틴 리듬의 싱커페이션의 느낌을 위해 타악기 연주자들 중 다수가 재즈계로 편입되었고, 이후 거의 모든 부분의 연주자들이 재즈계로 편입되었다. 역시 재즈와 라틴 재즈에 음악적 동질성이 있었기 때문에 가능한 일이었다.

하지만 재즈의 고급화와 예술화, 타 대중음악들의 등장은 맘보로 대변되는 라틴 댄스 클럽들의 어두운 미래를 예견하는 징조였다. 시간이 지나면 지날수록 사람들은 맘보보다는 다른 춤을 추기 시작했고, 로큰롤을 지나서 디스코가 유행할 무렵 맘보는 결국 나이든 사람들의 전유물로 변하게 되었다. 그래서 미국 동부의 유명 클럽들은 1960년대부터 쇠락하기 시작했고, 몇몇은 문을 닫기도 했다. 한때 맘보의 상징적 클럽이었던 팔라디움(Palladium) 또한 1965년에 문을 닫게 된다. 물론 오해할 수도 있는데 그전까지 클럽 댄스의 대표주자로 영향력이 높던 맘보가 이제 두 번째, 세 번째 등으로 밀려난 것이지 결코 단번에 사라진 것은 아니다. 점진적으로 맘보의 영향력은 그렇게 줄어들게 된다. 맘보의 영향력이 줄어들었다는 것은 맘보를 연주하던 클럽들이 문을 닫았다는 이야기일 것이다. 그런 클럽들이 문을 닫았다는 말은 가수, 연주인들, 코러스, 댄서에 이르는 작게는 15명 많게는 30여 명의 사람들이 일자리를 잃었다는 것을 의미한다.

영화 「맘보킹(The Mambo kings)」(1992)은 맘보가 한창 유행하는 시절의 이야기이다. 어느 정도 연주만 가능하면 밴드의 일원으로 일자리를 구할 수 있었던 시절의 이야기인데, 그런 시절이 이제 지나갔다는 것을 의미한다. 물론 그 와중에도 능력 있는 멤버들은 재즈 밴드의 일원이 될 수 있었다. 그리고 일부는 '파니아(Fania)' 레이블에 들어가 클럽에서의 활동보다 앨범 녹음과 대규모 공연을 하며 살사의 대표적 뮤지션으로 성장할 수도 있었다. 하지만 그런 사람들은 아주 일부이고 대부분의 뮤지션들과 댄서들은 일자리를 잃었다. 아이러니하게도 빨라디움의 댄서였던 에디 또레스(Eddie Torres)는 1965년 빨라디움이 문을 닫으면서 춤 강습을 시작했다. 그리고 춤으로의 살사는 그 시점에서부터 전 세계로 퍼져나가게 된다.

물론 1970년대에 들어서 맘보가 아니라 살사라는 이름으로 한번 옷을 바꿔 입기도 했지만, 춤으로서 현재 살사의 인기는 전 세계적이고, 어떤 면에서는 춤이 음악을 압도한다고 할 수 있다. 매년 수차례 열리는 살사 축제(Salsa Congress)에는 전 세계의 전문적인 살사 댄서들이 모인다. 현재 살사를 추는 사람들은 그 수의 차이는 있을 수 있으나, 전 세계 모든 대륙에 존재한다. 정말 대단한 일이 아닐 수 없다. 에디 또레스가 팔라디움에서 춤을 추던 당시에는 살사의 살사, 즉 음악의 양념과도 같은 존재였던 공연용 춤이 클럽이 문을 닫으면서 한때 위기를 맞게 되지만 결국 화려하게 부활하여 현재는 전 세계적으로 발전하였다는 것은 정말 세상사의 아이러니를 보여주는 듯 하다.

일자리가 없어진 뮤지션들은 조그마한 클럽에서 4인조, 혹은 5인조, 운이 좋으면 6인조로 연주하며 근근이 살아가려 했으나, 여기에 설상가상으로 음향 기술이 발달하게 된다. 레코드의 음질이 돌비 스테레오 정도로 향상되고 스피커와 앰프의 성능이 향상되자 춤을 추기 위해 밴드가 필요하지 않은 시대가 왔다. 다만 춤추기 좋은 음악이 가득한 레코드와 그런 음악들을 잘 엮어서 틀 수 있는 실력 있는 DJ가 필요한 것이었다. 이런 점에서 '살사'라는 용어를 상용화시킨 사람이 베네수엘라 출신 DJ라는 것은 시사하는 바가 크다 할 수 있다.

이제 1970년대 라틴 댄스와 라틴 댄스 음악이 '살사'라고 불리던 시절의 미국 내의 상황을 살펴보자. 미국에서는 당시 로큰롤과 펑키가 유행이었고, 중반 이후로 디스코가 선풍적인 인기를 얻었다. 미국 내에서만이 아니라 그 인기는 전 세계적이었다. 이런 유행의 흐름 안에서 라틴 댄스인 살사도 예외일 수 없었다. 로큰롤보다 더 강하고 흥겨워야 했으며, 펑키보다 더 싱커페이션이 많이 들어가야 했다. 아울러 디스코만큼 가볍고 아바(ABBA)로 대표되는 슈거팝(Sugar-pop)보다 더 감미로

위야 했다. 물론 이런 다양한 요소를 살사가 한번에 모두 만족 시킨 것은 아니다.

먼저 로큰롤보다 강한 음악을 추구한 것은 바로 파니아 레이블의 가수들이었다. 특히 앨범 녹음만큼이나 파니아의 소속 가수들은 파니아 올스타즈(Fania All-Stars)란 이름으로 공연을 자주하였다. 규모도 수만 명이 들어가는 대규모 공연을 하였고, 소규모 클럽에서 하는 공연도 있었다. 이들은 새롭게 변화하고 있는 라틴 음악을 대표하는 집단으로 대두되기 시작했으며, 특히 이들의 감성은 미국 내 중남미계 사람들을 만족시키기에 충분했다. 게다가 당시 유행이던 히피 문화에 더불어 미국 내 소수인종 및 유색인종 운동과 연관이 되면서 이들의 음악은 자의반 타의반으로 사회적인 메시지가 담기기 시작했다. 우리나라 사람들도 우리나라 안에서는 전라도다 경상도다 서로 나누고 대립하는 경향이 있지만, 외국에 나가면 "우리는 한민족, 모두 단군의 자손 우리는 형제"의 정서가 생기고, 특히 월드컵이나 올림픽과 같은 국제 경기가 있으면 정말 하나로 뭉쳐 응원하고 함께 즐거워하는 것처럼 고향을 떠나 미국이라는 타지에서 사는 라티노들에게 그들의 언어인 스페인어로 된 음악에 춤을 추고 노래한다는 것은 바로 정체성에 대한 문제가 되었다. 어찌 보면 살사가 통합하기 어려웠던 라티노들을 하나로 묶어주는 하나의 끈이 되었던 것이라고 할 수 있다.

당시 파니아의 힘은 정말 대단했다. 양키즈 홈구장에서 사람을 가득 메우고 공연을 했다는 것이 이 시기 파니아의 영향력을 단적으로 보여준다고 할 수 있다. 많은 라티노들이 일하면서, 또는 쉬면서 집에서 직장에서 파니아의 음악을 듣기를 원했고 그들의 음악 속에서 느껴지는 고향의 리듬에서 향수를 달래곤 하였다. 당연히 파니아의 음반은 어느 선 이상의 판매고를 올렸다. 그리고 윌리 꼴롱(Willie colón), 루벤 블라데스(Rubén Blades) 같은 파니아 레이블에서 새롭게 등장한 젊은 가수들은 라티노의 삶, 미국 내의 라티노의 삶과 사회의 문제점 등 좀 더 시사적인 가사를 가지고 노래하기 시작했다. 어떠한 예술 장르이건 사회와 완전히 괴리되어서 존재할 수는 없다. 그러므로 그들의 음악에 사회적 메시지가 담기는 것은 너무나 당연한 일일 것이다. 언제나 그렇지만 불법 이주한 노동자들의 삶은 언제나 고달프다. 미국에서는 흑인만이 아니라 라티노의 삶도 그리 핑크빛이 아니었다. 사회 곳곳에 차별의 그늘이 드리워져 있었기 때문이다.

하지만 그것은 양날의 칼과 같았다. 한편으로는 이 음악이 자신들의 설움을 달래주는 이야기 같았으나, 다른 한편으로는 살사의 본질과 많은 차이를 보이는 것으로 즐겁게 춤추고 놀면서 하루의 피로를 풀고 싶어 했던 라티노들에게 다소 무거운 느낌의 음악들은 한두 번 듣기엔 좋았지만 계속 듣기에 좀 짜증스러운 것도 사실이었다. 게다가 디스코는 점점 더 신이 나게 연주되었고, 슈거 팝은 좀 더 감미로워지고 있었기 때문이다.

여기서 잠깐 다른 이야기를 좀 해보자. 지금까지 살사의 무대가 카리브해와 멕시코를 비롯한 중남미 지역에서 미국으로 건너갔다는 이야기를 했다. 그것은 마치 탱고가 아르헨티나의 부에노스아이레스에서 프랑스의 파리로 주 무대를 옮긴 것과 마찬가지라고 했었다. 탱고의 경우와 마찬가지로 미국을 제외한 살사의 본고장에서도 살사는 계속되고 있었다. 물론 그 본연의 모습인 클럽 댄스로서의 모습을 유지한 채로 말이다.

우리가 어떤 음악이 민족적 지역적 정서를 담고 있는가를 알아볼 때 이것을 분석할 수 있는 가장 손쉬운 방법은 일단 음계와 리듬으로 나누어 보고, 음계의 특성과 리듬의 특성을 살피는 것이다. 다시 말하면 마치 블루스(Blues)의 경우와 마찬가지로 특정한 음계를 사용하고 특정한 리듬을 사용한다면 그 음악은 그 민족 및 지역 전통의 연장선 상에 있다고 할 수 있을 것이다.

미국 내에서 발전한 살사는 쿠바와 푸에르토리코를 비롯한 라틴 문화권의 전통적인 음계를 포기하고 디스코와 슈거 팝에서 사용하던 감미로운 멜로디 구성을 차용함으로써 전 세계적인 대중성을 획득할 수 있었다. 물론 그것은 특이한 것이 아니라 맘보에서 이미 일어났던 일이다. 맘보와의 차이점은 펑키와 디스코의 음악적 요소를 받아들여 춤추기에 적당한 템포로 한발 한발 움직여 스텝을 하기 딱 좋은 속도로 약간 변형시켰다는 것이며, 곡의 구성은 로맨틱 살사라고 부를 수 있을 정도로 약간 드라마틱해졌고 노랫말도 사랑과 이별의 이야기를 노골적으로 담기 시작했다. 물론 이것이 갑자기 생긴 변화는 아니었지만, 1980년대에 이르면 이런 음악들이 주도적으로 만들어지게 된다. 이를 갑작스런 변화로 보는 사람들도 있기는 하다. 특히 로맨틱 살사에서는 리듬이 전에 비해 단순해지고 템포가 일괄적으로 변하는데 이것은 다름이 아니라 DJ가 믹싱 작업을 편하게 할 수 있도록 고려한 것으로, 이것은 그저 살사뿐만이 아니라 그 즈음 모든 댄스 음악들이 공통적으로 보이는 경향으로 그리 특이한 것은 아니다. 이 로맨틱 살사에 대해서는 뒤에 좀 더 다루어 보도록 하겠다. 다만 거듭 강조하고 싶은 것은 로맨틱 살사의 등장은 살사의 타락도 변질도 아닌 그저 일반 클럽 댄스 음악이 시류에 적응한 결과물이다. 더욱이 살사는 클럽 댄스 음악이라는 것을 언제나 염두에 두었으면 한다.

이제 미국을 제외한 지역에서의 살사 음악을 살펴보기로 하겠다. 푸에르토리코는 제2의 쿠바, 즉 동쪽의 라스베가스로 변화했고, 미국령이라는 이유로 미국 쪽의 살사와 그리 다르지 않은 특징을 보였다. 가만히 살펴보면 푸에르토리코 출신의 살사 밴드와 가수들이 많은 것은 혁명 이전의 쿠바처럼 수요가 많았기에 탄탄한 인적 자원을 가지고 있었고 상대적으로 미국에 진출하기도 수월했기 때문이다. 이렇게 만들어진 인적·물적 자원들 속에서 리키 마틴, 제니퍼 로페스, 차양 등의 세계적인 스타들이 배출될 수 있었다. 각 지역의 음악도 자족적인 음악은 옛 형태를 그대로 유지하는 경우도 있었으나, 돈을 벌기 위해 하는 음악들은 대개 세계적인 추세를 따라가지 않을 수 없었다. 그리고 자신들의 전통과 뿌리를 생각했던 것은 미국 내 라티노들과 조금 다른 방식으로 라틴아메리카 국가의 의식 있는 젊은 뮤지션들은 외국의 것과 자신들의 전통을 함께 표현하기 위해 노력하였다. 자신들의 전통을 현재에 되살리려는 노력을 현재에도 하고 있으며 몇 가지 실험들은 이미 어느 정도 성과를 올리고 있다. 이런 뮤지션들의 노력의 결실을 매년 벌어지는 그래미 라티노에서 볼 수 있다.

하지만 여기에서 유독 차이가 나는 곳이 바로 쿠바이다. 쿠바는 대륙 봉쇄 이후 공산권 외의 지역과의 교류가 극히 적었고, 소련과 동구 공산권 붕괴 이후에는 그나마 있던 교류마저 위축되었다. 더욱이 공산권 국가에서의 문화적인 교류는 다분히 교조적인 것이어서 우리가 살펴보고 있는 주제와는 많이 동떨어진 면이 없지 않다. 그렇지만 쿠바가 완전히 밀봉된 통조림처럼 예전 그 모습을 그대로 유지하고 있지는 않았다. 새로움을 추구하는 것은 인간의 본능이므로 쿠바의 현실 안에서 새로운 변화를 모색하게 되는데, 그 이야기는 뮤지션들의 이야기 뒤에 바로 이어서 살펴볼 것이다.

국제적 살사 1세대 : 파니아 올스타즈 대 엘 그란 꼼보

파니아 올스타즈

파니아 올스타즈는 '파니아'라는 음반 회사를 중심으로 뉴욕의 라틴 음악과 살사 음악을 보급하고 알린 일련의 뮤지션들을 의미한다. 특히 1970년대에 이들은 클럽에서 벗어나 양키즈 홈구장 공연 등 대형 공연과 국제 투어를 시작했다. 이것은 클럽에서 춤을 추는 음악이었던 살사와 라틴 음악의 혁명적인 변화였다.

이런 변화에는 미국 내에서 소외된 계층 가운데 하나인 스페인계 사람들의 정체성에 관련된 사회적인 흐름도 일조했다. 흑인들은 자신들의 문화를 만들어가며 미국 내에서의 자신들의 정체성을 성립해 갔다. 다양한 지역에서 유입된 스페인계 사람들, 즉 라티노라고 불리는 이들 역시 저마다 독특한 문화적 특성을 가지고 있음에도 불구하고, 그들에게 공통된 리듬과 멜로디에서 본인들의 정체성을 찾은 것이다.

하지만 파니아 올스타즈는 무엇보다 가장 유명하고 위대하며 영향력 있는 일련의 라틴 뮤지션들을 의미한다. 우리나라에는 덜 알려져 있으나, Ray Barretto, Willie Colón, Johnny Pacheco, Ruben Blades, Hector Lavoe, Ismael Miranda, Cheo Feliciano, Bobby Cruz, El Conde Rodriguez 등도 살사 음악의 역사를 언급할 때 빠지지 않고 등장하는 아주 중요한 인물들이다. 게다가 여기에 Tito Puente, Celia Cruz, Eddie Palmieri 등이 더불어 협연하거나 앨범 녹음에 참여하기도 하였다. 물론 이들의 녹음은 언제나 라이브였으며 멋진 개인기들이 펼쳐지기도 하였다. 이런 개인기들은 녹음 스튜디오에서, 공연장에서 그리고 클럽에서 같은 수준으로 펼쳐지기도 하였다. 이런 대형 스타급 뮤지션들이 한 클럽이나 한 공연장에서 협연하는 일이 아주 비일비재했다. 음반회사로서의 파니아는 1990년대 이르러 거의 없어졌고, 이제는 거대한 이벤트 공연의 이름 중 하나로 파니아 올스타즈만이 남아 있다.

독립 음반사로서 시작한 파니아는 죠니 빠체코에 의해 1964년도에 만들어졌다. 초기에는 빠체코가 자신의 트럭에서 직접 테이프와 LP를 팔기도 했다. 아마 예전에 우리나라에서도 있었던 백판과 같은 것이 아니었을까 싶다. 변호사인 Jerry

Masucci가 운영을 맡고 빠체코가 제작 부분을 맡으면서 점점 발전하였고, 이들은 뉴욕을 비롯한 미국 동부의 살사 씬에서 가장 영향력 있고 유명한 이들이 되었다.

이들은 뉴욕뿐만이 아니라 다양한 지역에서 공연하기 시작했고, 여러 객원 멤버들과 함께 멋진 합동 연주를 보여주기도 했다. 드디어 1973년에 양키즈 홈 구장에서 4만 4천 명 이상 되는 사람들이 라이브 살사 음악을 즐기는 역사적인 사건이 일어났다. 이것은 미국 내의 스페인계 사람들이 주목받는 계기가 되었고, 스페인계 할렘에 대한 연구와 저작들이 나오게 되는 계기를 만들기도 했다. 그리고 1974년 자이레에서 열린 무하마드 알리와 조지 포먼 간의 헤비급 복싱 타이틀전 오프닝 공연을 하기도 했다. 이것은 당시 아프리카와 혹인 그리고 라티노들 간의 관계성을 보여주는 단적인 사건이었다. 이후 파니아의 앨범은 '콜롬비아(Columbia)' 레코드사를 통해 배급되게 된다. 그들의 앨범은 대형 레코드사를 통해 좀 더 효과적으로 유통될 수 있었고, 살사붐의 불길은 점점 더 거세지게 되었다.

대형 레코드사에서 작업을 하게 되면서 파니아의 멤버들은 유명 재즈 프로듀서들과 작업을 하게 되었고, 파니아 멤버들의 음악에는 점점 더 고급스러운 혹은 라틴 재즈적인 이미지가 가미되게 되었다. 초창기의 거칠고 활력이 넘치는 리듬은 점점 사라지는 듯 하였다. 물론 라이브 공연에서는 예외였지만 말이다.

1970년대 후반부터 슈거 팝과 리듬 머신의 등장, 펑키와 디스코 그리고 R&B 등 다양한 리듬과 감성을 가진 음악이 유행하면서 파니아의 음악은 점점 그 인기가 시들해졌다. 게다가 좀 더 단조롭지만 더 박력이 넘치는 소리인 도미니카의 메렝게가 거세게 인기몰이를 하면서 점점 파니아의 살사는 뒤안길로 접어들었다. 그리고 시류를 잘 맞춘 푸에르토리코 출신의 뮤지션들과 망명한 쿠반 뮤지션들 사이에서 이들의 위치는 점점 작아지고 말았다. 파니아의 멤버들, 특히 'Rubén Blades'는 몇몇 영화에도 출연하는 활동을 보이기도 하였다. 그는 현재 파나마의 문화관광부 장관이다.

여기서 살사의 여왕인 셀리아 꾸르즈(Celia Cruz)에 대해 잠시 언급을 하지 않을 수 없다. 셀리아의 이야기만 가지고도 책이 한 권 만들어지겠지만, 여기에서 살펴볼 내용은 인터넷 검색만으로는 찾을 수 없는 이야기이다. 그녀는 살사의 여왕이다. 살사의 제왕은 베네수엘라의 오스카 데 레옹(Oscar D'Leon)이고, 살사계의 신사는 푸에르토리코의 힐베르토 산따 로사(Gilberto santa rosa)이다. 이것은 누구나 인정하는 사실이다.

그녀는 쿠바 출신으로 미국으로 망명했다. 그리고 약간은 다른 미국 내의 살사 음악에 무리 없이 적응했다. 적응만 한 것이 아니라 최고의 살사를 우리에게 들려주었다. 하지만 최고의 살사를 들려준 이들은 그녀 외에도 많이 있다. 그중에서도 유독 그녀가 여왕이 될 수밖에 없었던 이유는 바로 그녀의 음악적 성과물 때문이었다. 2003년 타계할 때까지 그녀는 매년 한 장 이상의 앨범을 발표했다.

그녀는 그저 앨범 하나를 대강 만든 것이 아니라 계속 꾸준히 음악적 실험을 해 왔다. 그녀가 매번 새로운 화장과 의상으로 우리를 즐겁게 해준 것과 마찬가지로 음악적으로도 계속 새로움을 전해주었다. 살사와 꿈비아(Cumbia)의 퓨전은 물론, 살사와 플라멩코의 퓨전, 레게 및 힙합과 꿈비아의 퓨전 등 그녀는 계속적인 실험과 도전을 통해서 살사의 음악적 영역을 넓혔으며, 이런 실험 정신과 도전 정신이 다른 뮤지션들의 귀감이 되었기에 그녀는 살사의 여왕으로 칭송을 받았다. 그저 경력만으로 존경이 받은 것이 아니라 끊임없이 노력하는 모습에서 진정한 존경을 받았던 것이다. 그녀의 앨범을 처음부터 끝까지 들어보면 그녀가 왜 살사의 여왕인지 알게 된다. 그것은 음악적 모험과 실험 속에서도 살사의 본류인 춤을 출 수 있는, 아니 춤을 추게 만드는 즐거움과 홍겨움을 포기하지 않았기 때문이다.

엘 그란 꼼보

피아니스트이자 음악 감독인 라파엘 이띠에르(Rafael Ithier)가 리더인 '엘 그란 꼼보(El Gran Combo)'는 파니아 올스타즈를 제외하면 비교할 대상이 없을 정도로 확실히 최정상을 차지한 푸에르토리코의 살사 밴드이다.

물론 이들의 음악은 춤을 추는 사람들을 대상으로 한다는 점에서 라틴 재즈와 살사 사이를 넘나들었던 파니아 올스타즈와는 약간 차이가 있다. 그들의 음악은 살사의 본연의 모습인 춤추는 사람들을 대상으로 하고 있고 춤을 추게 하기 위해서 만들어졌으며 현재에도 많은 이들이 그들의 음악에 맞추어 춤추기를 원하고 있다. 이렇게 그들은 클럽 댄스 음악으로의 살사를 추구해 왔고, 결국 전 세계적인 명성과 인기를 얻게 되었다. 그렇기 때문에 푸에르토리코에서는 자신들의 고유한 문화 보급의 공로를 인정하여 공식적으로 엘 그란 꼼보를 푸에르토리코의 음악 문화대사라고 소개한다.

그들의 히트곡 중에서는 너무나 많은 살사 고전음악들이 포함되어 있어 나중에 보면 그들이 부른 것인지 아니면 다른 이들이 부른 것인지 구분이 안 될 때도 많이 있다. 「El Menú」 「Acangana」 「Un Verano En Nueva York」 「Carboneríto」 「Me Liberé」 「Azuquita Pal Café」 「Pico Pico」 「Timbalero」를 비롯하여 수많은 히트곡이 있다. 그들이 활동한 기간만 해도 42년이니 매년 1곡씩만 잡아도 42곡이 된다. 실제로는 100여 곡이 넘는 히트곡을 보유하고 있다. 솔직히 나 또한 그들의 음악을 다 들어보지 못했을 정도이다. 그들의 앨범은 또한 미국에서 밀리언셀러를 기록했으며 그래미 음악상에 노미네이트된 적도 있었으나, 아직 수상한 적은 없다. 물론 그래미 라티노 말고, 일반 그래미 음악상에서 말이다.

초창기 때의 엘 그란 꼼보에는 살사 댄서가 정규 멤버로 참여했다. 푸에르토리코와 멕시코 등지에서 활동을 시작한 이들은(케네디 암살 때문에 첫 앨범 발매가 좀 늦추어졌다고 한다) 다른 중남미 지역과 미국에서 점점 더 입지를 굳혀갔다. 그리고 2002년 드디어 40주년을 넘어서게 된다. 그러니까 1962년부터 현재까지 그들의 음악은 근대 살사의 역사라 해도 과언이 아니다.

현재 리더인 라파엘과 알토 색소폰을 담당하는 에디 페레즈(Eddie Perez)를 제외하고는 모든 멤버들이 바뀌었지만, 그들의 음악은 여전히 신나고 흥겨우며 춤을 추도록 사람들을 자극하고 있다. 게다가 계속 발전하고 있고 여전히 흥겹다. 물론 그들의 음악 경력에 어울리는 카리스마 넘치는 고정 보컬이 없다는 것이 하나의 단점이 될 수 있겠지만, 오히려 앨범을 발행하고 공연을 할 때마다 역량 있는 가수들이 객원 보컬로 참여하여 새로운 맛, 싸보르(Sabor)를 전달한다는 점에서 오히려 장점이 될 수도 있다. 이런 객원 보컬제를 채택함으로써 푸에르토리코의 많은 젊은 살사 뮤지션들이 엘 그란 꼼보를 거쳐 갔으며, 이것이 현재 푸에르토리코 살사 음악 발전의 밑거름이 되었다.

파니아와 엘 그란 꼼보가 있었기 때문에 살사의 세계화를 이룰 수 있었다. 즉 라틴 리듬의 느낌을 살리면서도 전 세계인들의 감수성을 자극할 수 있는 독특한 리듬과 멜로디를 만들어 낼 수 있었던 것이다. 정말 대단한 일이 아닐 수 없다.

쿠반 살사와 새로운 쿠바의 음악

    이제부터 혁명 이후 쿠바에 대한 이야기를 하려고 한다. 쿠바는 한때 라틴 문화의 리더였으나, 이제는 그들 자신만이 남았다. 앞에서 이미 언급한 이라께레와 로스 방방은 이러한 시기의 대안이었다. 여기에서는 조금 다른 측면의 이야기를 하려고 한다. 쿠바는 문화적 교류에서만 봉쇄된 것이 아니라, 음향 기술 또한 봉쇄되어 있었다. 물론 공산권 국가들과의 교류가 있기는 했지만, 그 성격 자체가 달랐기에 개인의 즐거움과 향락적인 측면은 중요하게 대두되지 못했다.

    다시 말해 당시 미국을 비롯한 다른 국가의 중소 클럽들이 모두 DJ 한 명이 레코드를 틀어가면서 즐길 때, 쿠바는 라이브 밴드가 여전히 활동하고 있었다. 물론 미국의 관광객이 엄

청나게 몰려오던 때와는 질적으로나 양적으로 그리고 구조적으로 다르긴 했지만 그래도 명맥을 유지하고 있었다는 것이 중요하다. 게다가 이것은 관광 상품이 아니라 완전한 내수용이었다. 즉, 그들의 음악은 쿠바인들의 몸에 맞추어 그들을 움직이게 하기 위한 목적을 갖고 있었다. 옷에 비유하자면, 미국에서 살사가 유니섹스(Unisex)에 프리사이즈(Free-size)화 했다면, 쿠바에서는 쿠바인들의 몸에 딱 맞게 맞춤 양복이 되었다는 점이 아주 대조적이다. 그래서 그런지 쿠바 음악은 현재 제3세계 음악이나 월드 뮤직의 대표적인 형태로 인정받으며, 전 세계적으로 마니아층을 확보하고 있다.

15~16세기 아프리카, 특히 중서부 지역에서는 각 부족 및 국가간에 뚜렷한 국경선이 존재하지 않았다. 그저 강과 산이 이를 대신할 뿐이었다. 이들은 서로 다른 언어와 음악, 노래, 춤을 가지고 있었고, 서로 다른 방식의 제례와 신을 섬기고 있었다. 전쟁이 일어나기는 했지만 유럽의 전쟁과는 본질적으로 달랐다. 서로의 교류 또한 그리 활발하지 않았다. 자급자족의 경제였기 때문에 딱히 교역이나 교류가 필요하지도 않았다. 이상은 베보 발데스와 추초 발데스의 이야기를 요약한 것이다. 이런 아프리카 중부의 부족들이 대서양을 건너서 쿠바를 비롯한 카리브해의 도서 지역과 중남미 지역, 남부 지역에서 서로 만나게 되고, 서로의 차이를 알게 되고, 차이를 극복하는 더 큰 범주의 음악과 춤으로 통합되는 과정을 거치게 된다.

이 과정에서 스페인의 플라멩코가 큰 역할을 한 것은 이미 알려진 사실이다. 이렇게 하여 아바네라가 성립한 이후로도 이주와 교류가 계속되면서 단손이 성립하였다. 단손은 주로 차랑가(Charanga) 악단(피아노, 바이올린, 플루트, 베이스와 기타 타악기로 구성된 악단)이 연주하였다. 이와 더불어 좀 더 아프리카적인 아프로 룸바(Afro rumba)도 존재하고 있었다. 단손은 룸바와 결합하면서 맘보의 모태가 되기도 하고 조금 더 느려지면서 차차차(chachachá)가 되기도 했지만, 쿠바에서 좀 더 일반화되면서 쿠바의 가요라 할 수 있는 손(Son)으로 발전하게 된다. 아바네라, 단손, 차차차, 룸바 등은 모두 음악의 이름이면서 춤의 이름이기도 했지만, 손에 이르러 음악과 춤이 분리되었다.

현재 손은 다양한 쿠바의 이름을 포괄하는 명칭으로 쿠바 음악을 설명하는 글을 보면 가끔 'Son~'이란 식으로 표현되는데, 이런 것은 쉽게 댄스 음악, 발라드 등으로 가요를 구분하는 것과 흡사하다고 생각하면 된다. 물론 각각의 리듬마다 약간의 차이가 있다.

단손이 손으로 소급되면서 쿠바의 댄스 뮤직은 상대적으로 템포가 느린 차차차와 좀 더 빠르고 흥겨운 과라차(Guaracha)로 양분된다. 셀리아 꾸르즈의 젊은 시절 별명이 바로 과라체라 데 쿠바(La Guarachera de Cuba)였다. 과라차가 어떤 음악인지를 단적으로 알게 해주는 좋은 예이다. 차차차는 그 춤을 추는 댄서들의 발자국 소리에서 그 명칭이 유래했다고 한다. 2차 세계대전 이후 이런 쿠바의 리듬들은 전 세계적인 인기를 얻게 되는데, 그 이유는 유럽이 전쟁의 후유증으로 몸살을 앓고 있는데다가, 쿠바를 비롯한 라틴아메리카 국가들이 다양하고 매력적인 문화적인 자산을 보유하고 있었기 때문이다. 맘보는 이미 앞에서 몇 번 언급했지만, 차차차 또한 그 인기가 전 세계적으로 확산되었다. 차차차는 춤으로 댄스 스포츠의 한 분야가 되었고, 음악으로는 라틴 음악의 한 분야로 그치지 않고, 카를로스 싼타나(Carlos Santana)와 같은 뮤지션에 의해 블루스 및 로큰롤과 결합하여 리듬의 새로운 영역을 개척하였다. 쿠바 음악이 이렇게 세계적인 수준이었다는 것을 밝히면서 다시 '대륙 봉쇄' 시절로 돌아가 보자.

국제적 관계 속에서 발전하던 음악에서 자급적인 음악으로 전환하고 나서 쿠바 음악은 크게 두 가지 길을 걷게 된다. 하나는 살사 본연의 의미를 살리는 클럽 댄스의 길이고 또 하나는 좀 더 쿠바 전통적인 길, 즉 전통의 재발견과 재평가의 길이라 할 수 있다.

먼저 쿠바 전통의 재발견이라는 길을 개척한 뮤지션은 일단 프랑스 영화 「살사」의 음악을 맡아 쿠반 살사 밴드라는 오해를 사기도 했던 시에라 마에스트라(Sierra maestra)와 얼마 전 두 장의 앨범을 내고 요절한 폴로 몬타네스(Polo Montañez), 부에나비스타 소셜 클럽의 비중 있는 뮤지션인 엘리아데스 오초아(Eliades ochoa), 그리고 쿠바 음악의 대부 꼼빠이 세군도(Compay segundo) 등을 예로 들 수 있다. 이들의 음악은 일반적으로 라틴 음악이 갖는 선입견 중 하나인 흥겨운 브라스

(Brass: 관악기)를 찾아보기가 힘들고, 그 대신 기타를 대표로 하는 현악기와 몇 가지 타악기로 이루어지는 특징이 있다. 특히 멜로디가 블루스를 연상시키는 독특한 분위기의 곡들이 대부분이다. 그 이전의 쿠바 음악보다 더 쿠바적이고 좀 더 토속적이다. 요새는 월드 뮤직의 관점 탓인지 이런 토속적인 음악들이 손(son)으로 혹은 쿠바 음악의 대표로 분류되기도 한다.

이들의 음악에서 약간의 촌스러움을 느낄 수 있다고 해도 양치기 목동들의 시골 냄새가 느껴지듯 아주 편안하고, 특히 기타의 선율에서 안정적인 느낌을 받을 수 있다. 또한 플라멩코의 깐떼를 연상시키는 원시적인 발성은 투박한 질그릇 같은 느낌이 나지만 그것이 더 솔직하고 더 호소력 있게 느껴지기도 한다. 이런 음악들은 외국인 관광객을 위한 것이 아니라 쿠바인들 자기 자신들을 위해서, 자신들의 피로와 어려움을 달래주기 위해 만든 것으로 손과 신음유시 운동(La nueva trova)을 연결하는 고리이자, 스페인의 플라멩코와 연결되는 고리이기도 하며, 남미의 신음유시 운동(La nueva canción)과 연결되는 고리이다. 뿐만 아니라 멕시코의 마리아치 음악과의 접점이기도 하고, 더 확장시키면 라틴아메리카 민중의 소박한 음악과도 연결된다.

그러므로 그 가치는 시간이 지나면 지날수록 점점 높아질 것이며, 영화 「부에나비스타 소셜 클럽」 탓인지 이런 음악이 전 세계적으로 쿠바 음악의 대표가 되어가는 듯 하다.

로큰롤이나 펑키, 디스코가 직접적으로 영향을 미치지 못한 고독의 섬 쿠바에서 젊은이들은 그저 예전 것들을 재현하면서 놀았을까 아니면 뭐라도 새로운 것, 좀 더 신명나고 즐거운 것을 찾았을까? 당연히 정답은 "새로운 것을 추구했다"이다. 이렇게 하여 성립된 것이 띰바(Timba)이다. 띰바는 보통 하드코어 살사(Hardcore-salsa) 혹은 하이퍼 살사(Hyper-salsa)라고 불리는데 사운드가 거친 탓으로 그렇게 불리는 듯 하다. 띰바는 클럽에서 태어난 음악 장르이고 클럽 안의 사람들이 (춤추는 이들과 연주하는 이들) 함께 만들어가는 음악이고 그 과정은 현재도 진행 중이라 할 수 있다.

그래도 현재까지 성립된 특징을 보면, 일반적으로 로맨틱 살사가 형식적으로는 '전주-1절-간주-2절-후렴구'라는 구성을 따라가고, 구조적으로는 '기승전결'을 따라가다가 마지막 후렴부에서 메인 보컬과 코러스가 함께 절정의 부분을 만든다면, 띰바에서는 이와는 전혀 다르게 단순한 테마 두 개 혹은 서너 개 정도가 계속적으로 반복되는 특징을 보인다. 이 부분은 맘보와 흡사하기도 하지만 그 양상은 좀 다르다.

띰바에는 딱히 절정이라 부를 수 있는 부분이 없는 것이 아니라, 아예 그 시작부터 절정이다. 그리고 관악기 파트(브라스)가 굉장히 중요한 비중을 차지하는데, 마치 메인 보컬과 서로 주거니 받거니 한다는 느낌을 줄 정도로 아주 비중이 높다. 특히 라 반다가 약간은 자극적일 수 있는 이런 관악기를 선보였다. 그리고 앞에서 말한 것과 마찬가지로 드럼이 등장하여 콩가, 봉고, 띰발의 자유로운 연주가 돋보인다. 템포는 **빠른** 경우도 있지만 대개의 경우 보통 정도의 템포이며, 보통 템포의 음악을 여러 타악기와 관악기가 아주 잘게 나누어 연주하므로 춤추는 사람의 성향에 따라 어떤 이에게는 굉장히 리듬감 넘치면서 다양한 동작이 가능한 음악일 수도 있지만, 또 다른 이에게는 클라이맥스도 없는 밋밋한 음악으로 들릴 수도 있다. 띰바 밴드는 현재 쿠바를 중심으로 꽤 많은 숫자가 활동하고 있다(인터넷을 이용하여 'www.timba.com'으로 들어가면 각 밴드에 대한 구체적인 정보를 얻을 수 있고, 필자가 연재하고 있는 '월드넷 컬럼'으로 들어가도 대표적인 밴드들에 대한 정보와 음악을 들을 수 있다). 대표적인 띰바음악으로 로스 방방의 「Esto te pone cabeza mala」와 라반다의 「La apretadora」, 차랑가 아바네라의 「Azúcar」 등을 들 수 있지만 사실 띰바음악은 너무나 많다. 마치 가요에서 댄스 뮤직을 찾는 것과 같다고 할 수 있다.

이에 비해 감미롭고 부드러우면서 약간 느린 템포의 곡도 있는데, 대개의 경우 이런 곡들은 쏭고(Songo) 리듬을 따라간다. 쏭고는 로스 방방이 처음 시도한 음악 스타일로 템포는 상대적으로 느리지만 룸바의 리듬을 계승한 쏭고 리듬을 사용함으로써 더 강한 싱커페이션 효과를 누릴 수 있다. 로스 방방의 「De 5 a 7」「Hablo claro」「camara」 등의 곡을 예로 들 수 있는데, 다시 한번 강조하지만 쏭고인가 아닌가 하는 것은 템포의 문제가 아니라 얼마나 싱커페이션이 느껴지는가에 있다. 앞에서 언급한 로스 방방의 음악에서는 템포가 느리든 빠르든 뭔가 톡톡 튀는 듯한 리듬감을 느낄 수 있다.

이런 새로운 쿠바 음악은 로맨틱 살사 음악에 식상한 이들에게 강한 매력을 발산하며 현재는 전 세계적으로 인기를 누리고 있기는 하지만, 춤을 추는 방식과 음악을 즐기는 방식이 전혀 다른 곳에서 그 인기가 얼마나 갈지는 지켜볼 일이다. 아마도 다른 음악과 영향을 주고받으며 변해갈 것이라 짐작할 수 있다. 로스 방방의 2003년 마이애미 공연이 아마 이러한 변화를 상징적으로 나타낸다고 할 수 있다. 게다가 제3세계 음악 혹은 월드 뮤직으로 분류되지도 못하고 그렇다고 살사로도 분류되지 않는 이 띰바의 음악적인 제자리 찾기가 어떻게 될지도 지켜볼 노릇이나, 그것이 타자들의 시선과 기준에 맞추어 수동적으로 분류되는 것이라면 한번 생각해 볼 문제이다.

우리가 일반적으로 사용하는 제3세계라는 용어는 냉전적인 상황에서 만들어진 용어로서, 시대적인 흐름에 따라 식민지로부터 독립한 국가라는 의미로 사용하거나, 후진국 또는 개발도상국이라는 의미로 사용하기도 했다. 냉전의 시대에는 자본주의와 민주주의를 채택한 일련의 국가들이 제1세계, 공산주의와 사회주의를 채택한 국가들이 제2세계, 그리고 동서 양대 진영의 대립에 직접적으로 가담하지 않은 국가들이 제3세계를 형성했다.

하지만 현재 음악적인 측면에서 제3세계 음악이란 적어도 우리나라에서는 이제 영미권 음악을 제외한 거의 모든 국가의 음악을 가리키는 말로 사용되고 있다. 프랑스와 독일은 물론 이고 유럽의 여러 국가들과 아시아, 라틴아메리카, 아프리카 그리고 우리나라를 포함한 많은 지역들이 제3세계로 분류된다. 월드 뮤직이란 용어도 '디 아더 월드 뮤직(the other world music)'에서 'The other'가 삭제된 형태로 쉽게 다른 나라 음악이라는 의미로 받아들일 수 있다.

그래서 나는 개인적으로 우리의 음악을 그저 가요라고 불러주기를 원한다. 쿠바의 땀바는 땀바로, 다른 지역의 음악도 마찬가지로 그 지역에서 부르는 이름으로 불러주는 것이 옳다고 생각한다. 우리가 제국주의적인 시각에서 우리 외의 다른 지역을 우리 임의대로 하나로 묶어 부른다면, 마찬가지로 다른 이들이 우리나라를 중국과 하나로 묶는다든지 일본과 하나로 묶을 경우 반론을 펼칠 여지가 없어진다. 우리가 우리 그대로 남들에게 인정받기를 원한다면 우리도 그들을 그들의 본래 모습 그대로 인정해 주고 이해해 주는 것이 옳지 않을까?

로맨틱 살사의 대부 : 프랭키 루이스

1998년에 40세의 나이로 1980년대 대표적인 살사 가수 프랭키 루이스(Frankie Ruiz)는 사망하였다. 약물 과다 복용이 사인이었는데, 좀 더 정확히 말하자면 그는 마약 때문에 죽었다.

파니아가 점점 어려운 상황에 놓이고, 다른 장르의 댄스 음악에 비해 살사의 인기가 식어가고 있을 때, 프랭키 루이스가 등장하였다. 프랭키의 음악에는 음악적으로 로맨틱 살사가 비판받는 모든 요소가 들어 있었다. 단순하면서도 귀에 딱 들어오는 멜로디에 춤추기 좋은 템포의 리듬, 거의 차별이 없는 편곡에서 3분에서 4분 정도의 적당한 시간 등등 말 그대로 클럽 스타일에 맞는 음악이었다.

그렇다. 프랭키의 음악은 대중적이다. 하지만 이 대중적인 면이 바로 특정 지역 혹은 특정 인종만이 즐기던 음악과 춤 그리고 문화를 전 세계인의 입맛에 맞게 만들어 내는 힘이 되었다. 쿠바인만이 아프로 룸바를 할 수 있고, 푸에르토리코 사람만이 봄바(La bomba)를 할 수 있을 수도 있다. 하지만 살사는 전 세계적인 즐기는 문화이다. 그 누구라도, 일본인이든 한국인이든 살사를 연주하거나 부르고 출 수 있다. 이런 세계적 살사의 초석으로 프랭키 루이스라 언급한 다해도 과언이 아니다. 물론 프랭키 루이스와 비슷한 세대의 많은 가수들이 함께 활동했지만, 그의 행보는 단연 돋보인다. 그는 1990년대 후반부터 현재까지 살사가 전 세계적인 춤이자 음악이 되기 위한 기틀을 마련했다. 헤리 리베라(Herry rivera), 루이스 엔리께(Luis Enrique), 마크 안토니(Marc anthony), 빅또르 마뉴엘(Vitor manuelle) 등 로맨틱 살사를 한다고 알려진 후배 살사 가수들이 모두 그의 영향을 받았다. 그는 「Tú me vuelves Loco」「Mi libertad」「Desnudate Mujer」「Mirandote」「Tú con él」 등 주옥같은 곡들을 남겼다. 이 곡들은 언제라도 흥겨운 그런 곡이고 언제라도 클럽에서 많은 이들을 춤추게 만들 수 있는 곡이다. 그는 엘 그란 꼼보와 함께 푸에르토리코의 자랑이다.

춤으로의 살사2 : 살사의 메커니즘

앞에서 '엇박'의 느낌에 대해 살펴보았다. 춤으로서의 살사의 기본은 바로 엇박의 느낌, 즉 싱커페이션의 느낌을 갖는 것이라고 말했다. 기억을 더듬기 위해 고무줄 이야기를 다시 떠올려 보자. 사실 춤으로서의 살사에는 하나의 메커니즘이 작용한다. 거창한 것은 아니고, 아주 단순하다. 그것은 바로 '밀기'와 '당기기'이다. 그래서 미는 경우에는 용수철의 느낌이 있어야 하고 당기는 경우에는 고무줄의 느낌이 있어야 한다. 그런데 대체 무엇을 당기고 미는 걸까?

그렇다! 바로 파트너이다. 살사는 커플 댄스, 즉 상대방이 있어야 출 수 있는 춤이다. 혼자서는 출 수 없는 춤인 것이다. 물론 살사 음악에 맞추어 혼자서 춤을 출 수는 있다. 음악에 맞추어 몸을 움직이는 것을 춤이라고 한다면 그것은 춤이라고 할 수 있겠지만, 결코 살사라고는 할 수 없다. 살사는 태생적으로 커플 댄스이기 때문이다. 커플 안에 살사의 메커니즘이 있고, 그곳에 또한 비밀이 숨겨져 있다. 여기에서 솔로 스텝 혹은 샤인을 생각할 수도 있지만, 이 부분은 뒤에서 다시 살펴보도록 하자.

살사의 메커니즘이 밀고 당기는, 어떻게 보면 단순해 보일 수 있는 동작에 있다고 하였다. 용수철과 고무줄 이야기를 한 것을 보면 당연히 미는 동작이나 당기는 동작에서 싱커페이션의 느낌이 나타나야 한다. 하지만 이것은 일부러 상체에 힘을 주어 만들 필요는 없다. 스텝에서 만들어진 자연스러운 몸의 움직임이 상체를 지나 팔로 전해지고, 이것을 파트너 서로가 공감해야 한다. 그러므로 무엇보다 자연스러운 스텝이 살사를 잘 출 수 있는 지름길이라 하겠다. 말로 표현하면 약간 어렵거나 복잡해 보일 수 있지만 이것은 살사를 출 때 마치 습관처럼 이루어져야 하는 것으로 잘못하면 간과하기 쉬운 부분이지만 살사의 정말 핵심적인 부분이다.

게다가 살사는 클럽 댄스로 고정된 형식이나 고정된 틀을 재현해야 하는 소셜 댄스나 볼룸 댄스, 댄스 스포츠와는 다른 범주의 것으로 바로 앞에서 열거한 춤들은 특정한 공간에서 어느 정도 격식에 맞는 의상을 입고, 매 동작마다 성심 성의껏 완성도 높은 형태를 만들어야 한다. 특히 이런 춤들은 춤을 추는 커플도 즐기겠지만 무엇보다 지켜보는 사람들의 시선을 의식하면서 춤을 평가하는 경우가 대부분이다. 하지만 클럽 댄스인 살사는 출 수 있는 공간만 허용된다면 의상이나 신발 등은 무엇이든 상관이 없다. 술도 한 잔 하면서 편하게 추는 춤이 바로 살사이다. 여기에서 강조하려고 하는 것은 바로 편안함이다. 홀딩을 한 남녀가 서로 편안하게 느끼기 위해서는 무엇보다 긴장하지 말아야 한다. 심리적 긴장도 없어야 하겠지만 신체의 긴장을 푸는 것이 더 중요하다. 홀딩한 팔과 마주잡은 손이 긴장하고 있다면 긴장하고 있는 그 개인은 스텝에서 전해지는 원활한 몸의 움직임을 제대로 느끼기 어렵기 때문이다. 하지만 커플 댄스에서 한 커플은 한 몸을 가진 두 사람이라 할 수 있다. 한 사람이 그렇게 되면 상대방도 마찬가지의 상태가 될 수밖에 없다. 게다가 커플 댄스는 언제나 하향 평준화이다. 물론 파트너 능력의 100% 이상 이끌어내는 사람도 있을 수 있다. 그것이 신나고 즐거운 추억이 될 수도 있지만, 어떤 면에서는 굉장히 피곤하고 낯설고 난처한 일일 수도 있을 것이다. 두 사람 가운데 실력이 떨어지는 사람에게 맞추는 것이 가장 올바른 방법이다.

물론 이쯤에서 이런 의문을 제기할 수도 있다. 싱커페이션이 느껴지는 몸의 움직임이 서로 한데 어우러지기 위해서는 분명히 힘이 들어가야 하는데, 어떻게 편하게 홀딩하고 춤을 출 수 있을까? 물론 일리가 있는 질문이다. 어떻게 그것이 가능할까?

대부분의 사람들은 일반적으로 싱커페이션, 즉 엇박의 느낌을 표현하기 위해서 뻣뻣하게 다소 힘을 준 상태로 있어야 한다는 생각을 한다. 그러나 그것은 아닐 것이다. 순도 100%의 엇박의 느낌을 느끼기 위해서는 어느 한 포인트를 중심으로 절정을 이루는 마치 음파의 파동 모양과 흡사하게 힘이 들어가야 한다. 힘이 어느 정도 일정량 들어가 있는 것이 아니라 들어갔다 빠졌다 들어갔다 빠졌다 하면서 리듬감을 만드는 것이다. 그리고 혼자서 만드는 것이 아니라 두 사람이 함께 만드는 것이다. 그러므로 살사의 기본 스텝이 어느 정도 가능한 경우라면 거울 앞에서 홀로 연습하는 것도 중요하지만, 파트너와 함께 이 살사의 메커니즘을 익히는 것이 더 중요하다. 거울을 보고 홀로 연습하다보면 보기엔 좋을 수도 있지만 실제 춤을 춰 보면 마치 튼튼한 벽하고 춤을 추는 듯한 느낌을 받는 경우가 많다. 정말 안타까운 일이지만 그것은 모두 살사의 태생적인 특성 때문이다. 그러므로 무엇보다 파트너와 함께 파트너쉽을 느껴보는 것이 중요하다. 이쯤에서 또 질문할 내용이 있을 것이다. "기본 스텝을 밟을 때에는 힘을 뺀다고 하지만, 리드하고 팔로우할 때는 당연히 힘이 들어가야 하는 것이 아닌가? 살사를 기본 스텝으로만 재미있게 출 수 있다고 해도 단 몇 개라도 패턴을 사용해야 하지 않는가? 그렇게 되면 양상이 사뭇 다르지 않는가?"

이런 정도의 질문을 예상할 수 있다. 나름대로 일리가 있는 질문이지만 과연 그럴까? 살사의 기본적인 메커니즘이라고 했던 것이 그저 기본 스텝에서만 통용된다면, 살사의 메커니즘이라고 할 수 없을 것이다. 여성을 리드하고 남자의 리드에 잘 따라오는 것 또한 살사의 메커니즘 안에서 해결이 된다. 남자가 여자를 리드하는 것이 그렇게 쉬운 일은 아니지만, 사실 리드가 그렇게 복잡한 것도 아니다. 여자를 밀어서 힘이 작용하는 반대 방향으로 보내던가 아니면 당겨서 힘이 작용하는 그 방향으로 보내는 것이다. 그리고 여자를 움직이게 한다고 해서 힘을 경직될 정도로 줄 필요는 없다. 농구나 축구에서의 드리블처럼 어떤 포인트에서, 부드럽게 움직이면 된다.

살사를 추는 여성은 무엇보다 기본 스텝이 좋아야 한다. 여성이 균질한 움직임을 해줄 때 남자는 그것을 기본으로 약간 밀기도 하고 당기기도 하면서 여러 동작을 만들어 갈 수 있다. 여성이 탄력적이고 역동적이면 바람 가득 찬 공으로 드리블하는 것이고, 여성이 그렇지 않다면 바람 빠진 공으로 드리블 하는 격이다. 어떤 것이 더 힘들고 어려운 지 쉽게 알 수 있을 것이다. 여성이 탄력적이고 역동적이고 남자가 이 여성의 특징을 100% 잘 살려서 리드하면 마치 빙판을 미끄러지는 그런 느낌이나 하늘을 나는 듯한 느낌을 받을 수도 있을 것이다. 물론 반대의 경우라면 춤이 아니라 '노가다'라는 생각이 들 수도 있다.

하지만 누가 잘하고 못하고가 중요한 것이 아니라 커플 댄스에서 가장 중요한 것은 조화이다. 조화를 이루기 위해서는 서로가 서로에게 약간씩 양보하는 것이 중요하다. 어느 한 쪽이 상대방에게 무조건적으로 맞추고 그렇게 한다면, 그것은 춤이 아니라 폭력이 될 수도 있는 것이다.

　여기서 남자의 리드에 대해서 좀 더 이야기 해보자. 남자의 리드는 정말 어렵다. 그 이유는 여기에 있다. 여자는 그냥 자기 스타일에 맞추어 춤을 추면된다. 스타일링 하고 싶으면 하면 되고, 솔로 스텝을 하고 싶으면 그렇게 하면 된다. 하지만 남자의 경우엔 약간 다르다. 이번에도 예를 들어 설명 해보자. 이번엔 '운전'을 예로 들어보겠다. 아무리 운전을 잘하는 사람도 차종이 바뀌면 어느 정도 적응할 시간이 필요하다. 그리고 그 차종에 맞게 약간씩 운전 스타일을 바꾸게 되는데, 차종에 적응하는 시간이 짧으면 짧을수록 그리고 그 차종에 맞는 운전 스타일로 전환하는 시간이 짧으면 짧을수록 운전을 잘한다고 할 수 있다. 이것을 살사에 적용하면 어떻게 될까? 홀딩한 여자의 성향과 스타일을 빠르게 인식하고 거기에 맞게 리드하는 것이 되지 않을까? 사실 많은 남자들이 자신의 스타일에 여자를 맞추는 경우가 많다. 멋진 스포츠카에게 나는 트럭만 운전했으니 네가 트럭 스타일로 변신하라고 요구할 수는 없는 것 아닐까? 그러므로 남자가 가장 신경을 써야 하는 부분은 여성의 스타일을 파악하는 것이고, 이와 반대로 여자는 남자에게 자신의 스텝 스타일과 춤 스타일을 숨김없이 보여주고 전해주는 것이 중요하다.

　커플 댄스에서 최고로 추구해야 할 것은 바로 두 사람이 마치 한 몸처럼 움직이는 일체감, 바로 이것이다. 물론 한 몸처럼 움직인다고 해서 신체적 접촉이 심한 단계를 의미하는 것은 아니다. 올바른 홀딩과 원만한 언어적·비언어적 커뮤니케이션으로 이런 단계를 이룰 수 있다. 물론 자신과 춤을 추는 모든 사람들과 이런 관계를 유지할 수는 없다. 하지만 더 중요한 것은 이런 단계가 되기 위해 서로가 노력하는 것이라 할 수 있고 현재 진행되는 많은 살사 강습도 사실 이 부분에 초점이 맞추어져야 한다.

사람의 몸과 몸으로 만들 수 있는 패턴의 수는 무수히 많지만, 그 패턴의 각 부분인 동작(move)은 분명히 한계가 있기 마련이다. 결국 사람의 몸은 팔 두 개와 다리 두 개이고, 움직이는 방향은 전후좌우 안에 다 포함된다. 그러므로 기본적인 메커니즘과 파트너와의 커뮤니케이션 그리고 일체감에 초점을 맞추어야 할 것이다. 하지만 실제 강습에서 이런 부분을 강조해 보았지만, 현실적으로 어려운 점이 많았다. 가시적으로 보이는 성과물이 없었기 때문이다. 작은 것 하나라도 눈에 띄는 변화가 있어야 실력이 늘어간다고 생각하기 쉽고, 말로는 편안하게 즐기는 클럽 댄스라고 하면서 이렇게 세밀하고 섬세한 부분을 강조하게 되면[7] 센스가 부족한 사람에게는 큰 스트레스가 되기 때문이다. 그래서 언제나 충고하는 것이 자신의 파트너에게 물어보라는 것이다. "이것은 어떠했냐?", "저것은 어떠했냐?", "편했냐?" 등을 물어보고, 파트너로부터 이야기를 들어야 자신이 어떻게 리드를 하고 춤을 추는지 알 수 있다. 춤추는 모습을 중요하게 생각한다면 자신의 모습을 직접 캠코더로 찍어서 모니터링 해보길 권한다. 경우에 따라서는 자신의 모습에 충격을 받을 수도 있겠지만, 자신의 모습을 직접 관찰할 수 있다는 점에서 한 번쯤 활용해 볼 만한 방법으로 추천한다.

이 모든 일이 성공적인 커뮤니케이션을 위한 전제 조건으로서 커플 간에 서로 말을 주고받는 일이나 춤추는 모습을 모니터링하는 일을 통해서 서로의 몸으로 교감을 나누면서 점점 더 일체감을 키워 나가야만 한다. 그리고 이 일체감이 어느 선에 이르면 리드하는 남자가 눈을 가리고 오직 손끝의 느낌만으로 평소와 별 차이 없이, 공연용의 어려운 동작까지도 포함하여 무리없이 춤을 소화할 수 있다. 물론 이렇게 되기까지는 많은 시간이 필요하다. 이쯤 되면 실전에서 사용할 수 있는 여러 동작들에 대한 설명도 해야 하겠지만, 좀 더 기본적이고 본질적인 이야기를 해보자.

살사를 출 때 사용하는 많은 동작들은 살사가 아닌 다른 춤에서도 어렵지 않게 볼 수 있는 것들이 많다. 그렇다면 다른 춤에서의 동작과 살사에서의 동작이 별 차이가 없는 것일까? 그렇다면 살사라는 춤의 개념이 과연 성립이나 할 수 있는 것일까?

요즘 살사 공연에서 도입하고 있는 많은 퍼포먼스들에 대한 가치판단을 뒤로 하더라도 한 가지 확실한 것은 이미 다른 장르에서도 시도되었던 것으로 그것이 살사의 본질과 별 관계가 없다는 것은 아마 누구나 인정하는 사실일 것이다. 물론 퍼포먼스는 그 자체로 가치를 인정받아야 한다. 겉모양새로

보면 같은 우회전과 좌회전이며, 흡사한 패턴들이지만 과연 살사에서는 어떤 방식으로 움직여야 하는 것일까? 아니 과연 클럽 댄스인 살사만의 방식이 있기는 한 것일까?

대답은 당연히 '그렇다'이다. 물론 댄스 스포츠에서의 '라틴'이 아닌 실제로 라틴아메리카에서 즐기고 있는 라틴 댄스의 관점으로 보면 그렇게 확실히 구별된다고 말하기는 좀 어렵지만 스윙이나 탱고 혹은 땅고 등 다른 춤에 비해 살사가 구별되는 특징은 분명히 있다. 그것은 바로 스텝에서 찾을 수 있다.

앞에서도 살사 스텝은 두 번째 박자에서 체중이 움직이는 것이라고 강조 했었다. 이것은 그저 기본 스텝에서만 이루어지는 것이 아니라 다른 모든 동작에서도 마찬가지이다. 쉽게 우회전을 예로 들면, 첫 번째 박자와 두 번째 박자에 왼발을 앞으로 내밀며 탄력을 만들어 돌게 되므로 몸이 위로 뜨는 듯한 느낌이 드는 것이 아니라 마치 드라이버로 나사를 조이듯이 몸이 아래로 향하는 느낌이 들게 된다. 이것은 우회전 투턴도 마찬가지이다. 몸이 위로 뜨는 것이 아니라 아래로 향해야 한다. 다른 동작들도 이와 마찬가지이다. 특히 여성의 경우 회전을 하거나 움직일 때, 첫 번째 박자에 체중이 움직이고 몸이 뜨는 느낌이 난다면 몸은 이미 중심을 잃었고, 남자가 여성의 팔을 마치 맷돌 돌리듯 크게 돌려줘야만 한다. 남자의 팔이 크게 원을 그리지 못하면 여성은 위태하게 비틀거릴 수도 있다. 두 번째 박자에 체중이 움직여 모든 동작이 땅에 착착 붙어있어 안정적인 느낌이 바로 살사가 다른 춤과 구별되는 큰 특징 중에 하나이다. 일부 여성들은 남자에게 자신을 맞추고 남자에게 잘 휘둘리는 것을 팔로우를 잘한다고 여기는 것 같다. 아무리 팔로우가 중요하다 하더라도 절대 자신의 중심을 잃어서는 안 된다.

왜 그럴까? 중심을 잃으면 비틀거리고 잘못하면 넘어질 수도 있기 때문이다. 모든 조건이 안정적이어야만 섬세하고 감각적인 살사를 출 수 있다. 물론 이 이야기는 다소 이해하기 어려울 수도 있다. 특히 살사를 모르는 사람이거나 살사의 초보자라면 더 낯선 이야기가 될 것이다. 그래서 이 부분을 좀더 쉽게 설명해 보겠다. 먼저 사람의 몸의 움직임을 상체와 하체로 나누어 생각해 보자.

엇박의 느낌을 잘 살리지 않더라도 스텝이 기본이 되면 당연히 하체가 먼저 움직이고 상체가 상대적으로 뒤에 움직일 것이다. 그러므로 자연스럽게 드라이버로 나사를 조이는 것과 흡사한 느낌, 즉 아래로 몸이 향하는 느낌이 들게 된다. 반대로 상체, 특히 어깨 및 허리가 먼저 돌아가고 다리가 따라가는 상황이 되면 나사를 조이는 것이 아니라, 나사를 푸는 듯한 느낌, 즉 몸이 위로 뜨는 느낌이 들 것이다. 다리는 따라가게 되어 있으므로 그 중요성이 적은 반면, 남자는 리드를 하기 위해서 여성의 상체 전부를 전후좌우로 움직여야 한다. 여자 또한 남자의 리드에 몸의 전부를 기울이고 있기 때문에, 그 리드를 잘 받기 위하여 어깨와 팔이 아주 경직되게 된다. 이렇게 되면 감각적인 살사와는 거리가 멀어진 맷돌 살사가 되어버리고 만다. 하지만 이 반대의 경우에는 남자의 리딩이라는 것이 마치 운전과도 같아서 여성에게 움직일 길을 터주고 필요한 경우 조금씩 밀어주고 당겨주는 살사의 메커니즘 안에서 모든 동작이 이루어지므로 상대적으로 감각적이며 리듬감 넘치고 게다가 더 편한 살사를 출 수 있다.

물론 이런 부분은 굉장히 세밀한 부분이고 민감한 부분이므로 춤을 추는 당사자들이 차이를 깨닫지 못하면 강습을 비롯한 타인의 도움에는 한계가 있다.

이번 이야기가 춤에 대해서 쓰는 이야기로는 마지막일 듯하다. 마무리는 이런 이야기로 하고 싶다. 현재 전문적인 공연팀도 그 수가 꽤 되고 우리나라 살사 보급에 가장 큰 역할을 담당했던 동호회 중에서 어느 정도 규모가 있는 팀은 의례히 전문적인 공연팀을 갖고 있다. 또 특별한 공연팀이 없다고 해도 각 단계별 강습이 끝나면 통과의례처럼 공연을 한다. 이제는 우리나라에서 살사를 이야기할 때, 공연을 이야기하지 않을 수가 없을 정도가 되었다. 물론 공연은 앞에서 말했듯이 그 자체로 가치가 있는 것으로 보는 이들을 즐겁게 해야 한다는 구체적인 목적도 가지고 있다.

그런데 공연팀에서 주도적으로 활동하는 사람들이나 프로 살사 댄서 중에는 전에 연극을 했거나 배우 경험, 즉 다시 말해 무대 경험이 있는 사람들이 많다. 즉 대부분의 댄서들이 무대의 맛을 아는 사람들이란 말이다. 이런 사람들이 공연에 정진하는 것은 아마도 당연한 일일 것이다. 만일 프로 살사 댄서가 이 글을 읽는다면 벌써 그 무대 맛에 몸이 근질근질해 질 것이다. 지금 말하려고 하는 말의 요지는 프로 공연팀은 공연을 하는 것이 당연하지만, 일반 동호회에서는 웬만하면 공연을 자제해야 한다는 것이다. 공연은 일단 보고 있는 사람들의 시선을 의식할 수밖에 없는데, 클럽에서 즐겨야 하는 사람들이 누군가를 의식하면서 외향적인 모양새를 꾸미려고 한다면, 그 안에 담겨야 하는 수많은 본질적인 요소들을 놓치기 쉽다. 현재 살사 인구가 좀처럼 예전의 증가율을 회복하지 못하고 정체기에 빠진 듯한데, 이럴 때 내실을 기하고 소위 내공이란 것을 길러놓지 않으면 붐(Boom)을 타면서 금세 타올랐던 살사의 열풍은 허무한 냉풍을 맞으며 쉽사리 끝나버릴 수도 있다는 것을 염두에 두어야 할 것이다.

보다 많은 사람들이 외워서 추는 춤이 아니라, 음악과 하나가 되고 파트너와 일체감을 느끼면서 음악의 특징을 100% 드러내는 리드미컬한 동작들을 구사하기를 바란다. 그렇게 되는데 이 글이 조금이나마 도움이 된다면 더할 나위 없이 좋을 것 같다.

아프리카의 살사: 아프리깐도

　보다 많은 뮤지션을 소개하고 싶었지만 이제 마지막 뮤지션으로 라티노는 아니지만 살사의 멋을 잘 아는 다국적 살사 밴드 아프리깐도(Africando)를 소개한다.

　1993년 「트로바도르(Trovador)」라는 타이틀로 데뷔한 그들은 전통 맘보와 쿠바의 손, 그리고 기타 아프리카 리듬이 잘 어우러진 라틴 음악으로서, 여느 라틴 음악에서 찾아 볼 수 있는 그런 스타일의 음악을 연주하였다. 하지만 이들은 차이점이 있었다.

　아프리깐도는 필자가 운영하는 커뮤니티 'Afro'와 마찬가지로 '아프리카 사람', '아프리카 사람의 ~'라는 의미를 갖는다. 아프리깐도는 쿠반 뮤지션에 아프리카 보컬이란 구성을 갖고 있다.

밴드의 리더인 본카나 마이가(Boncana Maiga)는 9년 동안 쿠바의 아바나에서 음악을 공부하였고, 이브라히마 실바(Ibrahima Sylba)와 함께 공동으로 아프리깐도라는 밴드를 만들게 된다. 그래서 라틴 음악에 나이지리아 언어인 요루바, 세네갈과 감비아 말인 월로프, 만딩고 언어와 아프리카의 또 다른 공용어인 프랑스어로 노래를 한다. 아주 가끔은 스페인어로도 노래를 한다. 특히 불어와 아프리카 언어가 섞인 곡들은 스페인어 전공자들에겐 들리긴 들리지만 무슨 말인지 알 수 없기 때문에 남감할 뿐이다. 현재는 아프리깐도를 비롯하여 라틴 음악을 연주하는 아프리카 밴드를 그리 어렵지 않게 찾아볼 수 있다. 1930~1940년대부터 라틴 음악은 아프리카에 역수출되기 시작했다. 그때부터 성립되기 시작한 음악적 배경이 아주 든든한 편이다. 나이지리아를 중심으로 아프리카의 중서부 지역 출신의 라틴 음악 뮤지션들의 수도 점차 늘어가는 추세이다.

하지만 아프리깐도의 운명은 그리 순탄치 않았다. 밴드의 보컬인 파페 섹(Pape Seck)이 앨범을 발매하자마자 숨을 거두었기 때문이다. 그렇지만 밴드는 멈추지 않고 활동을 계속하며 주변 국가의 보컬리스트들과 접촉을 하며, 1995년 2집을 발매할 때는 나이지리아, 세네갈, 감비아뿐만 아니라 자이르(콩고 민주 공화국), 기니, 베닝 등의 지역 보컬이 참여하고 그들의 언어로 노래하게 된다. 1997년에 「Combo Salsa」, 1998년에 「Balboa」를 발표하면서 정상급의 인기를 얻었고, 2000년에 「Mandali」, 2001년에 '라이브 앨범', 2003년에는 「Martina」 앨범을 발매하였다.

현재 우리나라에서도 많은 인기를 누리는 밴드로 그 누구도 의미를 알 수 없는 주문 같은 가사 덕에 누구나 따라 부르기 쉬운 살사 음악 중에 하나이다. 그냥 주문을 외우듯이 중얼거리면 된다. 이들의 음악을 놓고 라틴 음악의 기원인 아프리카와의 관련성을 찾기도 하는데, 이들이 라틴 음악 특히 살사에 근접할 수 있었던 이유는 일단 쿠바에서 공부한 본카나 마이가(Boncana Maiga) 때문이라고 보아야 한다. 더 나아가 뉴욕 등의 지역에서 활동하던 아프리카 출신 재즈 뮤지션들이 참여했기 때문이며 더 중요한 사실은 살사 음악의 국제적 대중성 때문이라고 보아야 할 것이다. 물론 우리가 가치 있게 생각해야 할 것은 그들이 그저 라틴 음악을 흉내만 낸 것이 아니라 자신들의 문화와 언어와 하나로 융합하여 무언가 특별한 것을 만들어 냈다는 것일 것이다. 이런 측면에서 우리나라의, 우리의 말과 우리의 감성이 반영된 살사가 불가능한 것만은 아닐 것이다.

즐거운 살사를 위하여

이제 어느덧 살사 이야기의 마지막을 향해 가고 있다. 하고 싶은 이야기가 너무 많았던 탓인지 마무리가 쉽지 않을 것 같다. 특히 뒤에서 이야기하겠다고 했던 몇몇 테마는 다음 기회에 살펴보아야 할 것 같다.

기본적으로 살사는 국제화, 세계화의 길을 가고 있으면서도 지역적이고 민족적인 특색을 잃지 않고 있다. 전자의 예로는 로맨틱 살사를 들 수 있고, 후자의 예로는 쿠바의 뗌바와 쏭고를 들 수 있다.

쿠바만이 아니라 카리브해의 여러 지역에서는 그 지역에서 선호하는 음악들을 현재도 만들고 있으며, 많은 사람들이 그 음악을 즐기고 있다. 다만 상품화되어 음반으로 출시되느냐

안 되느냐 그리고 전 세계적으로 유통되느냐 아니냐의 차이만 있을 뿐이다. 물론 로맨틱 살사는 1980년대 초기의 모습으로 멈춰있는 것이 아니라, 세계 팝음악의 발전과 궤를 같이 하여 여러 가지 요소들을 받아들이고 있다. 거기에는 리듬적인 측면도 있고, 악기의 구성과 편곡의 측면도 있을 수 있다. 한 가지 확실한 것은 점점 변해간다는 것이며, 그렇게 변해 갈수록 지역적인 살사와의 거리는 멀어진다는 것이다. 물론 이것은 현재의 모습이다. 유행에 따라가는 국제적, 전 세계적 살사는 다분히 유동성이 있으니까 말이다.

아무튼 이런 상황을 지방도 발전하고 수도권도 발전하는 상생(win-win)의 기회로 삼으면 좋을 텐데 현실은 그렇지 않은 것 같다. 세계 클럽 댄스의 주도권은 이미 예전에 살사에서 멀어졌으며, 1980년대 이후 영화 「부에나비스타 소셜 클럽」이 만들어지기 전까지 라틴 음악은 정말 말 그대로 제3세계의 음악이었으며, 살사 음반 시장도 매우 작았고, 몇 안 되는 유명 뮤지션들도 모두 재즈나 팝으로 전향을 생각하고 있었다. 특히 세계화된 살사 음악을 하는 뮤지션들이 특히 더 어려웠다. 대도시의 취향이란 것은 유행 따라 변하는 것이고, 지역색이 드러난 음악을 하는 이들은 그 지역에서 나름대로 탄탄한 기반이 있었기에 상대적으로 더 안정적이었다. 특히 살사 음악을 추구한 것은 아니지만 리키 마틴(Ricky martin)이 세계적으로 히트를 하고 라틴 음악에 기반을 둔 산타나(Santana)의 슈퍼 네이쳐 (super nature)가 그래미를 석권하자, 세계 음악에는 라틴의 열

풍이 불어 닥치기 시작했다. 당시 최고의 위치에 있던 마크 안토니(Marc anthony), 메렝게의 왕자 엘비스 크레스포(Elvis Crespo) 등 많은 가수들이 미국의 팝시장에 도전했지만 그 결과는 그리 좋지 않았다. 그들의 결과에 상관없이 스타를 잃어버린 라틴 댄스 음악은 더 위축될 수밖에 없었다. 여기에 앞에서 말한 「부에나비스타 소셜 클럽」이 세계적 명성을 얻자 지역색이 드러난 라틴 음악이 월드 뮤직의 일부로 좀 더 각광받기 시작했다. 그 대표가 바로 쿠바로, 쿠바는 쿠바 외의 세계가 추구하던 살사와 춤으로든 음악으로든 차이가 나는 그들만의 것을 추구해 왔지만, 현재 제3세계 음악 혹은 영화의 유명세를 타고 살사 관광객만 엄청나다고 한다. 어려운 상황에서 지역색이 드러난 음악이 전 세계적인 주목을 받게 되자 세계화된 음악을 추구하던 이들의 상대적 상실감은 더 커질 수밖에 없었다. 이럴 즈음 살사의 기원이 어디인가 하는 논쟁이 등장하기도 했다. 물론 쉽게 결론이 나기 어려운 논쟁이었지만 말이다.

현재 세계 클럽 댄스의 주류가 살사가 아니라 해도 장기적인 관점이나 단기적인 관점에서 세계화된 살사 음악은 여전히 중요하다. 하지만 세계화가 이루어지면서 살사가 원래 지녔던 많은 특징들이 희석되고 있고, 그것이 진정한 살사인가라는 반문을 하지 않을 수 없다. 지역적인 살사는 그 자체로 살사의 본연의 맛을 100% 발휘한다고 해도 대중적이지 못한 것은 사실이며, 언제나 일부 지역 출신의 혹은 소수의 마니아들만을 만족시키는 경우가 많다. 클럽 댄스에서는 대중성이 생명이라고 할 수 있는데 지역적인 살사는 그 안에 갇히는 폐쇄성을 보여줄 수 있다. 실제로 내가 만난 쿠바인들 중에서 푸에르토 리코 음악에 대해 강한 적개심을 드러내는 사람들이 많았고, 어찌 보면 당연한 일이지만 자신들만이 진짜라고 여기는 착각 과 망상에 사로잡혀 있는 경우도 많았다. 그것이 그들의 자부 심을 드러내는 방법이라면 어느 정도 인정을 해주어야겠지만 좀 더 큰 관점에서 보면 그런 행위는 결국 살사를 자기 자신 이라는 조그만 틀에 가두어 놓고 결국 질식시키는 일과 다를 바 없다. 춤이라는 관점에서 보거나 음악이라는 관점에서 보 거나 살사는 무엇보다 자유로워야 하는데 말이다.

앞에서 말한 두 가지의 이야기가 서로 부딪치거나 혹은 양 비론으로 보일 수도 있다. 이것은 이것 때문에 문제이고, 저것 은 저것 때문에 문제라는 식으로 문제를 제기하면 아무 일도 할 수 있는 일이 없을 것이다. 그렇다. 어떤 것이 옳고 더 가치 가 있는 일인지 선택하기가 쉽지 않다. 하지만 다행히 이런 음 악적인 문제가 춤으로 풀릴 듯 하다.

우리나라의 상황에서는 살사 음악에 어떤 가수가 있고, 어 떤 곡이 좋고, 하는 정보들이 굉장히 한정된 것이 사실이다. 하지만 그 곡을 즐기는 데, 그 음악에 몸을 맞추어 춤을 추는 데, 그 노래의 가수가 누구인지, 제목이 무엇인지 알 필요는 없다. 다만 좋은 곡과 나쁜 곡들을 구분하기만 하면 된다. 다 시 말해 그 음악이 로맨틱 살사에 속하든지 아니면 쿠바의 전 통적인 리듬을 가진 곡이든지, 가수가 멋지거나 예쁜지 또는 섹시한지 등등의 것들은 어찌 보면 좋은 음악을 판단하는 본질적인 잣대가 아니라는 것이다. 그리고 살사 음악이 좋은지 나쁜지는 춤추는 사람들이 그들의 몸에 맞추어 보고 그 즉시 판단할 수 있다. 다시 말해 춤추는 이들의 모든 외적인 요소를 배재하고 좋은 음악이란 어떤 것인지 판단할 수 있다는 것이다.

이 글을 전개하면서 구분하고 나누고 그리고 거기에 맞추어 설명하였지만 개인적으로 여러 가지 것들을 가리지 않고 좋아하는 편이다. 로맨틱 살사에서 하드코어적인 뗌바까지 말이다. 끝으로 노파심에서 하는 이야기인데 본인들이 좋아하는 음악이라면 좀 더 적극적인 관심을 가져줬으면 한다. 특히 우리나라에서는 아직 라틴 음악 시장이 채 성립되지 않았기 때문에 라틴 음악을 사랑하는 팬이라면 최소한 CD를 구입하는 정도의 지원을 아끼지 말아야 할 것이다. 특히 살사 음악과 관련된 클럽이나 음악 DJ들은 춤추기 곤란할 정도의 음반일지라도 좀 더 색다른 음반을 찾아내는 일에서부터 다양한 살사 음반을 구입하고 소개할 의무가 있다. 현재 우리나라에서 살사에 관련된 CD는 대략 50여 장 이상 발매되었는데, 아직까지 이렇다할 반응을 거두지 못하고 있다.

그러나 자신이 춤추기에 좋은 음악에 관심을 가져주기 시작하면 그런 류의 음악들은 더 많이 소개될 것이며 더욱 발전할 것이 분명하다. 물론 관심을 가져주는 가운데 아무런 발전이 안 보인다면 차갑게 돌아설 필요도 있다. 로스 방방과 같은 팀도 클럽 현장에서 신곡의 반응이 별로이고 사람들이 춤추기 어려워하면 바로 편곡을 바꾼다고 한다. 현재 라이브로 연주하는 밴드가 거의 전무하고 모두가 CD로 음악을 들려주는 이때에 우리가 현재 뮤지션들과 교감하는 길은 CD의 구매가 아닐까 생각한다. 인터넷 검색만 해 봐도 정말 여러 장의 CD를 만날 수 있다. 물론 살사 관련 서적을 사는 것도 아주 현명한 일이다.

이제 이쯤에서 이 책을 마무리하려 한다. 살사에 대한 많은 것들을 조금씩일지라도 전부 다루어 보고 싶었다. 좀 더 솔직히 이야기하면 이 책은 이후로 발간될 서적의 요약본 형태이다. 때문에 이 책의 구성이 다소 산만하게 구성된 듯하다. 음악사적인 면에서 살사를 소개하면 라틴 음악에 대한 책을 쓰고 싶다는 마음이 들고, 춤에 대한 글을 쓰고 있으면 살사 교본도 쓰고 싶은 생각이 들고, 뮤지션에 대해서 소개하는 부분에서는 음악 CD와 더불어 뮤지션들을 탐구하는 그런 책을 만들고 싶다는 생각이 들었다. 이런 욕심들을 모아서 결국 이런 책이 나온 듯하다. 그래도 살사를 제외한 다른 라틴 음악에 대한 언급을 최소화하여 산만한 책이 더 산만하게 되는 것을 막아보려고 노력했다. 결국 이 책에서는 서로 떨어져 있던 것들을 하나로 엮고 싶었고 살사 음악이 걸어온 길을 살피면서 살사의 음악적 특성과 본질을 춤으로서의 살사와 함께 엮어내고 싶었다. 더 나아가 춤의 스타일과 여러 뮤지션들의 음악을 하나로 엮어보고 싶었다. 춤이나 음악 등을 섞어서 구성한 것도 그러한 의도에서 시작된 것이었다. 그리고 현재 다소 침체된 우리나라 살사 인구가 다시 탄력을 받아 늘어가기를 바라는 마음도 있었다.

책을 쓰는 과정에서 살사 혹은 라틴 음악의 여러 리듬과 명칭에 대해 설명해 달라는 요구도 있었고, 쿠바 음악 장르에 대한 설명을 해 달라는 요구도 있었다. 이번에는 그런 것이 빠졌지만 사실 그런 구분은 음악적으로 세밀한 부분이라 여러 가지 예와 조금은 복잡하고 어려운 설명이 필요하다. 한 가지 확실한 것은 명칭의 변화와 스타일의 변화에는 언제나 그전의 것과 새로운 요소와의 결합이 원인이며, 라틴아메리카의 경우에는 일반적으로 이주에 의한 것이거나, 다른 인종과 민족, 부족의 이주로 인해서 그렇게 되었다는 것이다. 맘보와 살사와의 차이를 설명해 달라고 하는 요구도 있었는데 일단 유행한 시기가 다르다. 살사라는 이름에 다양한 스타일의 음악이 분류되듯이 1930~1940년대 미국에서 유행하던 맘보는 라틴 음악 혹은 춤의 대표적인 명칭이었다. 그것이 1960~1970년대에 살사라는 이름으로 변화하게 되는데 비슷한 성향의 클럽 댄스 음악이 자신의 명칭을 바꾸는 것은 그리 어색한 것이 아니다. 우리가 일반적으로 테크노라고 부르는 클럽 댄스도 일렉트로니카, 테크노, 하우스, 정글, 드럼 앤 베이스, 레이브, 트랜스, 인더스트리얼, 하드코어 등으로 음악적 스타일의 변화와 시대 및 장소에 따라 다르게 불렸을 뿐이다. 거기에 비해 살사는 아주 단순한 변화라고 할 수 있다. 맘보와 살사 사이의

간극은 분명히 존재하고 특히 템포의 차이가 있기는 하지만, 맘보는 현재 라틴 재즈라는 의미로도 사용되고 있으며, 또한 원래의 의미로도 사용되기도 한다. 하지만 명칭의 차이는 본질적인 차이를 전제로 하지는 않는다. 물론 맘보와 살사 사이에 본질적인 차이가 있다고 주장하는 사람도 있을 수 있으니 이 부분에 대한 이야기는 여기서 줄이도록 하자.

이 책에 쓰인 내용들은 필자가 1998년 이후로 하나씩 알게 된 것을 조금씩 정리한 것이다. 다행히 한국 외국어대학교 스페인어과와 같은 학교 대학원 스페인어과를 졸업했기 때문에 대학 강의에서 문화적이고 역사적인 틀을 만들 수 있었고, 카를로스 푸엔테스의 『라틴아메리카의 역사』와 대학원에서 많은 가르침을 주신 정경원 선생님과 신정환 선생님이 함께 쓰신 『라틴아메리카의 문화의 이해』 또한 이 책을 쓰는데 많은 도움이 되었다. 그리고 미국에서 살사를 집대성한 Lise Waxer의 『Situating Salsa』에서 살사에 대한 다양한 시각을 배웠으며 (사실 이 책은 현재 칠레에서 공부하고 있는 정승희 양의 것이다), 스페인에서 라틴 음악 방송의 DJ를 하는 안토니오 모라 아요라(Antonio Mora ayora)의 『De Orilla a Orilla』에서 좀 더 스페인·중남미적인 관점을 가질 수 있었다. 이 책에서 플라멩코와 라틴 음악과의 관계를 좀 더 적극적으로 생각할 수도 있었다. 그리고 추초 발데스와 베보 발데스의 인터뷰, 로스 방방의 인터뷰와 기사, 미쉘 카밀로(Michel Camilo), 이그나시오 베로아(Ignacio Beroa), 파키토 데 리베라, 티토 푸엔테(Tito puente) 등의 인터뷰 내용을 참고하였다. 그리고 여행 중에 만났던 많은 살사 강사들과 클럽 DJ간의 대화와 멕시코 시티의 라이브 살사 클럽 'Mama Rumba'의 콩가 연주자였던 67세의 베르디또(verdito, verde의 애칭. 베르데는 녹색, 푸른색이란 뜻이지만 나이가 좀 있는 영감님들에게 쓰면 밝히는 영감이란 뜻이다. 바로 베르디또 영감님의 삶이 바로 '껄떡'이었다)와의 대화 등에서 많은 생생한 지식을 얻을 수 있었고, 필자에게 춤을 배웠던 많은 이들과 특히 아름다운 루미나 비롯하여 춤을 함께 춤을 추었던 많은 여인네들과의 솔직한 이야기들 덕분에 겨우 글을 쓸 수 있었다. 살사에 대한 정보와 지식을 알아가면서 개인적으로는 살사에 대한 재미가 더 커져 갔다. 알면 알수록 막연히 느꼈던 재미와 즐거움을 좀 더 구체적으로 알 수 있었고, 이 재미와 즐거움을 알게 되면 알게 될 수록 오히려 그 맛이 더해간다는 것도 느꼈다. 클럽 댄스라는 것은 하루의 피로를 풀어주는 역할을 하는 경우가 일반적이다. 이 책이 이런 역할을 좀 더 잘 할 수 있도록 조금이나마 도움을 주었으면 한다.

그리고 마지막으로 살사는 커플 댄스이고 커플 댄스는 연인끼리 추었을 때 그 진가를 알게 된다. 살사를 즐기는 사람들이 사랑을 하길 바란다. 사랑하게 되면 살사가 열 배, 백 배 더 즐거워진다. 게다가 서로가 서로를 배려해야 하는 커플 댄스에서 일상의 삶에서도 서로가 서로를 배려할 때 갈등도 없고 행복한 삶을 꾸려나갈 수 있다는 삶의 지혜를 배울 수도 있다. 공연을 하기 위해 혹은 남들에게 과시하기 위해 어렵고 복잡한 동작 위주로 서로간의 배려 없이 구사하다 보면 반드시 싸우거나 아니면 상대방이 나를 떠나게 된다. 그것도 아니라면 상대방의 몸을 다치게 되는 경우도 많다.

반대로 마음에 드는 상대방이 있고 함께 살사를 출 수 있다면 사귀기 전에 반드시 춤을 춰보길 권한다. 아무리 가식적으로 성격 좋은 척하고 친절한 척 한다고 해도 춤은, 특히 그 사람의 몸은 아주 정직하다. 물론 춤마저 가식적인 사람도 있기는 하지만, 대개는 정말 그 사람이 어떤 사람인지 쉽게 알 수 있다.

나는 어릴 적부터 방바닥에 배를 깔고 누워서 책을 보는 것을 굉장히 좋아했었다. 책을 읽는다는 것은 그 행위를 통해 어떤 지식과 정보를 얻거나 또는 아무 것도 얻는 것이 없다고 하더라도 그 행위 자체에 어떤 의미가 있다고 믿는다. 책장을 넘기고 줄과 줄, 행과 행 사이를 눈동자가 지나쳐 가는 그 행위 자체만으로 충분한 경험이 된다고 본다. 내 머릿속에 있던 생각들이 한 권의 책으로 읽혀질 수 있다고 생각하니 정말 마음이 흐뭇하다.

마지막으로 이 책을 읽는 독자들이 살사와 더불어 모두들 행복할 수 있기를 바라며, 다시 기회가 주어진다면 같은 주제로 좀 더 심층적인 내용을 다뤄보고 싶다.

아스따 라 비스따(Hasta la vista)!

주

1) 2004년 미국 대선의 결과에 종교가 한 몫을 했다는 이야기가 있다. 민주당 캐리 후보의 종교가 가톨릭이었기 때문이다.

2) Enriquez ureña-Amado alonso, 『Gramatica castellana』, Buenos aires, Editorial Rosada, 1999, p.38.

3) José Manuel, Caballero Bonald, 『Flamenco』 Sevilla, Juan Lebron, 1995, p.3.

4) 이 책에서는 아르헨티나 탱고를 '땅고'로 이 이외의 탱고를 '탱고'로 표시함.

5) 더 중요한 것은 사실 체중이 한쪽으로 빠진 채로 시작해서 끝날 때도 체중이 빠진 채라는 것이다. 한쪽으로 체중이 빠졌다는 것은 일반적으로 말하는 '짝다리'의 느낌이다. 그리고 한쪽으로 체중이 자연스레 빠지면 골반과 상체가 서로 반대로 비슷한 정도로 움직여 중심을 잡게 되고, 이 모습은 패션모델들의 포즈와 흡사하다. 즉, 자연스럽고 섹시하다는 말이다.

6) 쿠바의 시인 Nicolás Guillén의 「Canto negro」에서 유래된 명칭으로 쿠바 음악인 'son'을 언어적으로 형상화한 시어이다. 물론 이제는 로스 방방이 성립한 음악 장르이기도 하다.

7) 필자가 2000년부터 강습을 해왔지만, 정말 센스 없는 사람들을 숱하게 많이 만났다. 그들 덕분에 이렇게 글로 표현할 수 있을 정도로, 어느 정도의 노하우가 생겼다. 그 센스 없는 사람들 중에서 몇몇은 흉내를 좀 내기 시작했다고 자기가 춤을 잘 춘다고 믿는 사람도 있고, 여전히 노력하는 사람도 있다 (만일 이 책을 보는 사람들 중에 본인이 몸치이거나 박치이지만 살사를 잘 추고 싶다면 hanarch@freechal.com으로 메일을 보내주시길. 정말 생생한 증언과 노하우가 공개될 것이다.)

살사

초판발행 2004년 12월 30일 | 2쇄발행 2008년 5월 25일
지은이 최명호
펴낸이 심만수 | 펴낸곳 (주)살림출판사
출판등록 1989년 11월 1일 제9-210호

주소 413-756 경기도 파주시 교하읍 문발리 파주출판도시 522-2
전화번호 영업·(031)955-1350   기획편집·(031)955-1357
팩스 (031)955-1355
이메일 salleem@chol.com
홈페이지 http://www.sallimbooks.com

ISBN 89-522-0322-4 04080
       89-522-0096-9 04080 (세트)

값 3,300원